Alisha Schmidt

Die Kamasutra Challenge für Paare

Alisha Schmidt

DIE KAMA SUTRA CHALLENGE

für Paare

Eine Bucket List für Paare,
die das Abenteuer lieben!

Bibliografische Information der Deutschen Nationalbibliothek:
Die Deutsche Nationalbibliothek verzeichnet diese Publikation in der
Deutschen Nationalbibliografie; detaillierte bibliografische Daten sind im
Internet über http://dnb.dnb.de abrufbar.

Covergestaltung und Satz: Wolkenart – Marie-Katharina Becker,
www.wolkenart.com

Herstellung und Verlag: BoD – Books on Demand, Norderstedt
ISBN: 978-3-7504-0342-0

Inhaltsverzeichnis

KAPITEL 1
EINLEITUNG

Für die einen ist es die schönste Nebensache der Welt, für die anderen spielt er eine lukrative Hauptrolle im Leben …

SEX!

Doch was ist Sex wirklich?
Einfach gesagt: All das und unendlich viel mehr!

Es muss nicht betont werden: Das Thema „Sex" spielt in der modernen westlichen Gesellschaft eine herausragende Rolle. Es umfasst ungezählte, nicht selten auch widersprüchliche Facetten und Aspekte des Verlangens, und es gibt vermutlich so viele sexuelle Wünsche und Vorlieben, wie es Menschen gibt. Und dennoch bleibt Sex immer etwas ganz Besonderes, das oft nur sehr schwer in Worte zu kleiden ist. Sex befriedigt, macht Spaß, glücklich, überwältigt, gibt Kraft, beflügelt, inspiriert, ja Sex kann geradezu sprachlos machen. Die ganze Bandbreite der menschlichen Gefühlswelt wird vereint und spiegelt sich offenbar in ihm wider.

Aber warum ist das eigentlich so?

Genau zu dieser Frage haben sich Denker, Philosophen und Mystiker schon seit sehr langer Zeit immer wieder tiefgründige Gedanken gemacht und Schriften verfasst. Das vielleicht berühmteste Beispiel dafür ist das altindische Kamasutra, um das es in diesem Buch geht und über das du in seinem weiteren Verlauf alles praktisch Wissenswerte erfahren wirst.

Während sich die westliche Psychologie in vielen Fällen nur auf die physischen und psychischen Faktoren von Lust und Sex beschränkt, versuchten die Denker des alten Indiens, die Sexualität von Mann und Frau und ihre Veräußerlichung in diversen sexuellen Praktiken auf eine ganzheitliche Art und Weise zu ergründen und zu erklären. Und sie stießen dabei auf so manch großes Geheimnis ...

Für sie spielten Körper, Seele und Geist eine gleichermaßen wichtige Rolle bei der Beantwortung der Frage, was Sex eigentlich ist. Es ist diese Dreiheit der menschlichen Existenz, die nach den Traditionen des Kamasutras in Einklang gebracht werden soll. Im Zusammenwirken mit deinem jeweiligen Sexualpartner soll es dir möglich sein, mittels verschiedener Sex-Praktiken bzw. Sex-Stellungen eine Einheit aller deiner hauptsächlichen Wesensaspekte entstehen zu lassen. Diese Einheit entspricht dem Hinduismus zufolge, der den religiösen Hintergrund des Kamasutras bildet, einem gottgleichen Zustand. Im Hinduismus wird davon ausgegangen, dass der universellen Schöpfung ein sexueller Akt zugrunde liegt. So soll also im Kleinen, im Menschen nämlich, entstehen, was der Kosmos im Großen darstellt.

Ein großes Ziel, ohne Frage. Für viele Praktiker können die Lehren des Kamasutras daher auch ein Sprungbrett zu dem sein, was im Allgemeinen im Hinduismus als „Erleuchtung" bezeichnet wird.

Doch wie der beste lustvolle Sex mit einem kleinen Vorspiel beginnt, so ist es auch hierbei wichtig, nicht zu schnell zu hoch hinauszuwollen. Dem Kamasutra zufolge ist Sex eine Frage des Könnens. Jeder kann es, was aber nicht bedeutet, dass es auch jeder schafft.

Wer sich ernsthaft mit dem berühmten altindischen Lehrbuch zum Thema „Sex, Erotik und Liebe" beschäftigt, wird schnell bemerken, dass es nicht nur auf die behandelten Sex-Stellungen ankommt bzw. auf diese reduziert werden kann. Vielmehr wird eine ehrlich empfundene und aufrichtige Bereitschaft vorausgesetzt, sich mit Sex und Partnerschaft, aber auch dem körperlichen wie geistigen Verhältnis der Geschlechter zueinander auseinanderzusetzen. Diese Auseinandersetzung ist die Grundlage eines gemeinsamen partnerschaftlichen Wachstums.

Als Paar miteinander durch Sex und Erotik zu wachsen, kann vielleicht als die zentrale Botschaft des Kamasutras bezeichnet werden.

Das mag bei so manchem vielleicht auf einige Zweifel stoßen. Doch wer denkt, dass das Kamasutra, dessen Anfänge heute bis in die Zeit um 200 bis 300 v. Chr. zurückzuverfolgen sind (Vgl. 1), altertümlich oder gar veraltet sei, der irrt sich gewaltig. Nicht nur ist seine fundamental ganzheitliche Ausrichtung vielleicht aktueller denn je, es ist auch sein überaus offener, liberaler Umgang mit allgemeinen partnerschaftlichen Fragen, der es immer wieder erfrischend „neu" erscheinen lässt.

Das Kamasutra ist, seinem innersten Wesen nach, ein Ratgeber für glückliche Partnerschaften, in denen Sex, Erotik und Liebe eine wesentliche Rolle spielen. Menschen, die sich mit dem Kamasutra praktisch beschäftigen, legen außerdem Wert auf den achtsamen und respektvollen Umgang miteinander. Sex kann so nie zu einer Nebensache werden, bei der nur die eigenen Bedürfnisse im

Mittelpunkt des Interesses stehen. Individuelles Glück gemeinsam zu erleben, ist kein Widerspruch, sondern steht bei dieser Lehre ganz oben. Aus diesem Grund lehnt das Kamasutra geschlechtliche Beziehungen zu mehreren Sex-Partnern nicht ab, sondern spricht in manchen Fällen sogar ausdrücklich eine Empfehlung dafür aus. Wer sich zudem mit jenen Teilen der Lehre beschäftigt, die sich mit den äußeren Elementen sexuellen Ausdrucks beschäftigen, wie z. B. mit Tattoos oder Piercings, wird zudem denken, das Buch eines modernen Sex-Beraters in den Händen zu halten.

Du wirst im Verlauf dieses Buches erfahren, dass es im Kamasutra nicht nur um lustvollen Sex, sondern auch grundsätzlich darum geht, ein vergnügtes und positiv motiviertes Leben zu führen. Diese altindische Sex-Lehre kommt daher auch einer echten Lebenshaltung nahe und bringt allgemein mehr Lust und Spaß am Leben. Über die hier vorgestellten sexuellen Praktiken, die auch mit dem indischen Tantra und Yoga verwandt sind, kann es dir so gelingen, deinem ureigenen Lebenszweck näherzukommen und vielleicht sogar tiefere Lebensziele Realität werden zu lassen.

Der Grund dafür ist kurz erklärt: Dem Kamasutra liegt die Lehre vom Ausgleich der Kräfte zugrunde. Mann und Frau werden, wie im Hinduismus allgemein, als Pole angesehen, die ein harmonisches Verhältnis zueinander aufbauen sollten. Das geschieht durch Lust, Erotik und Sex. Die Praxis soll dazu dienen, aus dir und deiner Partnerin innerlich, d. h. seelisch und geistig, ausgeglichene

Menschen zu machen, die über die Fülle ihrer schöpferischen Energien verfügen, ihr Leben genießen und es selbst erfolgreich gestalten können.

Doch auch der Spaß soll nicht zu kurz kommen ...

Mit sich selbst im Einklang zu sein, bedeutet auch, die Dinge nicht immer ganz ernst nehmen zu müssen. Sex mit einem gewissen Augenzwinkern, das kann Kamasutra wegen so mancher Sex-Stellung auch schon mal sein. Das Kamasutra lehrt dich darum auch den unverkrampften, offenen und spielerischen Umgang mit Lust und Sexualität, führt dich vielleicht sogar zu einer nie zuvor gekannten Offenheit.

Lass dich überraschen und sei bereit für eine positive, wahrhaft lebensverändernde Challenge für Paare.

KAPITEL 2

AUF DEN SPUREN VON LUST UND LIEBE

So bedeutsam das Kamasutra für ein lustvolles und ganzheitliches Sexleben ist, so wenig ist eigentlich über seinen historischen Begründer bekannt, dessen Name mit Vatsyayana Mallanaga überliefert worden ist.

Über sein Leben ist heute nichts mehr bekannt. Über die näheren Umstände, unter denen das „Vatsyayana Kamasutra", wie es auf Indisch vollständig genannt wird, verfasst wurde, ist nur überliefert, dass es in „strenger Askese" und „meditativer Versunkenheit" entstanden sein soll (Vgl. 2). Einfach ausgedrückt stellt das Kamasutra, welches zum „Kamashastra", der Sammlung indischer Lehrwerke zum Thema „Erotik", gezählt wird, eine schriftliche Lehre dar, bei der Mann und Frau und ihre sexuelle Erfüllung im Mittelpunkt stehen (Vgl. 3).

Dabei geht es in vielen Teilen des Werkes nicht nur um die berühmt gewordenen Sex-Stellungen, sondern auch um ganz allgemeine Tipps für das alltägliche Zusammenleben der beiden Geschlechter in Hinblick auf eine gleichberechtigte Partnerschaft. Auch in dieser Hinsicht erweist sich das Kamasutra trotz seines hohen Alters als höchst aktuell. Der Überlieferung zufolge machte sich Vatsyayana eines Tages auf, die Erkenntnisse zum Thema „Erotik und Sex" aus älteren Schriftwerken anderer Verfasser zusammenzusammeln und in einem einzigen Buch niederzulegen (Vgl. 4). Der Titel Kamasutra selbst wird aus zwei altindischen Wörtern gebildet, die folgende Bedeutungen haben (Vgl. 5):

Kama – bezeichnet die Erfüllung von Lust, Begierde und Verlangen und stellt eines der vier Lebensziele oder Purushartha im Hinduismus dar. Verlangen steht stellvertretend für eine evolutionär wirkende Kraft in der Natur. Artha, Dharma und Moksha sind die anderen drei im Hinduismus definierten Lebensziele.

Sutra – bezeichnet eine Textform, die für indische Lehrwerke ganz allgemein charakteristisch ist.

Der Name „Kamasutra" oder auch „Lehrbuch des Kama" macht in seiner Übersetzung bereits sehr deutlich, welche herausragende Rolle Lust, Sinnlichkeit, Verlangen und Sex in der hinduistischen Gesellschaft spielen. Liebe ist also eines der vier Hauptziele, die ein Mensch im Leben haben kann. Das Zusammenwirken der oben angeführten vier Ziele ist für das tiefere Verständnis des Kamasutras überaus wichtig:

Liebe oder Kama steht in Beziehung zu den drei anderen Begriffen Artha, Dharma und Moksha. Unter Artha versteht man materielle Sicherheit und materiellen Wohlstand; der Begriff Dharma bezieht sich hauptsächlich auf soziale sowie ethisch-moralische Wertvorstellungen, die ein Mensch hat. Dharma drückt somit dem Hinduismus zufolge die „richtige" Lebensführung aus. Moksha steht für die individuelle Befreiung oder Erlösung des Menschen und ist darum auch inhaltlich eng mit den kosmologischen Vorstellungen von Tod und Wiedergeburt und dem bekannten indischen Begriff Karma verbunden (Vgl. 6).

Das Kamasutra konzentriert sich in seinen praktischen Anweisungen zwar auf Kama, vernachlässigt die anderen drei angesprochenen Hauptziele aber zu keinem Zeitpunkt. Vielmehr wirken alle vier ineinander, ist ein Ziel ohne die anderen nicht denk- und erlangbar. Insofern wird in der klassischen Betrachtungsweise des alten Indien keinem dieser vier Hauptziele eine Priorität eingeräumt.

Doch wie ist nun dieses Lehrbuch für Lust und Liebe überhaupt aufgebaut?

Da es anders als oft vermutet nicht nur aus der einfachen Beschreibung abwechslungsreicher Sex-Stellungen besteht, sondern im Kamasutra auch zahlreiche Aspekte des gesellschaftlichen und partnerschaftlichen Zusammenlebens behandelt werden, besteht es aus 36 Kapiteln, in denen insgesamt 1.250 Verse, sogenannten „Sutren", enthalten sind. Diese 36 Kapitel werden auf 7 Bücher aufgeteilt, was sie wie folgt darstellt (Vgl. 7):

Buch 1:
Allgemeines (Sadharana), bestehend aus 5 Kapiteln, in denen die Struktur des Kamasutras und die Zielsetzung des Inhalts erläutert werden.

Buch 2:
Über den Genuss der Liebe (Samprayogika), bestehend aus 10 Kapiteln, in denen unterschiedliche Sex-Praktiken beschrieben werden. Diese reichen von sanften Liebkosungen und Küssen über Beißen und Schlagen bis zum oralen und vaginalen Geschlechtsverkehr. Außerdem werden bereits mehrere Sex-Stellungen vorgestellt.

Buch 3:

Über den Geschlechtsverkehr mit jungen Frauen (Kanyasamprayuktata), bestehend aus 5 Kapiteln, in denen der gesellschaftliche Umgang mit jungen Frauen behandelt wird. Es beginnt bei der Umwerbung und endet mit der Vermählung.

Buch 4:

Über junge Frauen, die verheiratet sind (Bharyadhikarika), bestehend aus 2 Kapiteln, in denen das Verhalten der Verheirateten in diversen Beziehungsformen, wie z. B. Monogamie, Polygamie, behandelt wird.

Buch 5:

Über Frauen, die mit anderen Männern zusammen sind (Paradika) und wie man mit ihnen umgehen sollte, bestehend aus 6 Kapiteln.

Buch 6:

Über Prostituierte (Vaisika), bestehend aus 6 Kapiteln, in denen Ratschläge dazu erteilt werden, wie Freier mit der käuflichen Liebe umgehen sollten.

Buch 7:

Über die Geheimlehre (Upanishad), bestehend aus 2 Kapiteln, in denen spezielle Sex-Praktiken behandelt werden, mit denen Lust und Leidenschaft erweckt und wiedererweckt werden können. Außerdem enthalten die Kapitel viele Tipps zu den verschiedenen Möglichkeiten der sexuellen Stimulation.

DIE BOTSCHAFT DES KAMASUTRAS

Du musst kein Hindu sein, um das Kamasutra zu verstehen. Auch wenn du kein weiterführendes Interesse an den hinduistischen Hintergründen der Kamasutra-Lehren hast, ist dieses Buch für dich mehr als nur eine spektakuläre und manchmal sogar bizarre Anleitung zur Umsetzung der Fleischeslust.

Natürlich stehen Sex und Lust im Mittelpunkt der Lehre, doch es geht nicht um gedankenlosen, impulsiven Sex, wilde Sex-Orgien, einen One-Night-Stand oder irgendwelche aufsehenerregenden BDSM-Praktiken. Es geht um das tiefere Verständnis von der eigenen männlichen oder weiblichen Sexualität und darum, dass Mann und Frau beim Sex immer eine Einheit bilden sollten (Vgl. 8). Insofern ist das Kamasutra wahrhaft „ganzheitlich", wenn man beide Geschlechter als die zwei Teile eines Ganzen betrachten will.

Vergleicht man die Geschlechter mit dem bekannten Modell von These und Synthese, stellt die durch den Sex angestrebte Einheit die Synthese dar, die eine neue Dimension des Erlebens ist. Diese neue Dimension, die dir sonst verschlossen bleibt und die du mit deiner Partnerin erfahren kannst, hat natürlich auch eine spirituelle Natur. Diese Dimension, und das muss betont werden, hat selbst gar nichts mehr mit dieser oder jener religiösen Lehre gemein, sie befindet sich jenseits davon. Sex im Sinne des Kamasutras kann dich regelrecht herauskatapultieren aus der Welt der Normen und Konditionierungen. Um diese energetische Einheit bilden zu können, muss das Paar vollkommenes Vertrauen zueinander besitzen. Jeder muss sich in den jeweils anderen buchstäblich fallen lassen können. Ohne Wenn und Aber, grenzenlose lustvolle Empfindung.

Für den Verfasser des Kamasutras stand fest, dass sich die Menschen nicht einfach ihrem Schicksal, dem Karma, unterwerfen, sondern es durch ihre eigenen Handlungen beeinflussen und lenken können (Vgl. 9). Karma ist somit nichts Statisches, sondern etwas Dynamisches. Genauso wie Sex.

Während Sexualität heute oft auf eine bestimmte Zweckmäßigkeit reduziert wird, sah Vatsyayana die Welt der Menschen, die Natur, den Kosmos und alles darin einzig aus der Perspektive der Sexualität (Vgl. 10). Aus diesem Grunde sind es auch die erotischen Komponenten der Anziehungskraft von Mann und Frau, denen das Kamasutra große Bedeutung beimisst.

Was zieht Mann und Frau gegenseitig an? Welche äußeren Signale sind es, die Mann und Frau aussenden, um einen Sex-Partner oder auch einen Partner fürs Leben zu finden? Welche Körperhaltung muss eine Frau einnehmen, um einen Mann sexuell zu reizen. Und umgekehrt, was muss ein Mann tun, um eine Frau in seinen sexuellen Bann zu ziehen? (Vgl. 11)

Das Kamasutra ist ein Lehrbuch. Wenn du es liest, wirst du vieles über dich lernen können, was du bisher nicht kanntest. Du wirst z. B. erkennen, dass die angesprochenen Komponenten, die einen Menschen für Partner oder Partnerin attraktiv machen, keinesfalls angeboren sind (Vgl. 12). Es gibt sie nicht, die Sex-Götter von Geburt an, die so oft in den Medien gefeiert werden. Es gibt Talente, die bei dem einen oder anderen mehr oder weniger ausgeprägt sind, oder aber es ist der individuelle Wagemut, der in manchen Fällen entscheiden mag, doch im Grunde genommen können die Komponenten erworben werden. Dabei geht es um das Lernen und Können, wie das Kamasutra betont.

Schönheit, so wie sie in der westlichen Welt verstanden wird, spielt im Kama-sutra nur eine sehr untergeordnete Rolle. Vatsyayana hielt Schönheit für eine bloße Laune der Natur (Vgl. 13). Vielmehr spielt der natürliche Magnetismus, den Menschen aufeinander ausüben, eine Hauptrolle in den Beschreibungen des Kamasutras. Es ist zudem vielleicht eine besondere Eigenart dieses Lehr-buches, dass sein Verfasser keinerlei direkten Bezug zu religiösen Fragen her-stellt. Obwohl Vatsyayana auch ethisch-moralische Anweisungen gibt, kommt das Kamasutra nicht wie ein erhobener Zeigefinger daher, der dir den Weg in eine ganz bestimmte Richtung aufzeigen will (Vgl. 14). Vieles ist im und mit dem Kamasutra möglich. Allein mehrere Hauptteile des Werkes beschäftigen sich z. B. mit der Frage, wie eine verheiratete Frau vom Mann am besten zu ver-führen sei. Andere Teile handeln davon, wie der Mann mit einer Frau umgehen sollte, die ihren Mann verloren hat.

Diese Beispiele machen deutlich:

Das Kamasutra ist modern und legt größten Wert auf das erotische und sinnliche Wohlergehen des Menschen. Sex als Schlüssel zu einem glücklichen Leben, so könnte ein passender Untertitel dieses zeitlosen Buches lauten. Es ist dem Kamasutra wichtig, dass der Mensch durch Sex erfährt, wie er seine persönlichen Grenzen überschreiten und erweitern kann. Sex wird dem Kamasutra zufolge darum nicht nur einfach routinemäßig praktiziert, er wird zur absoluten sinnlichen Erfüllung gebracht, die keiner Routine unterliegen kann. Es ist nicht sein Zweck, die verschiedenen Sex-Stellungen, die du hier kennenlernen wirst, nur nachzuahmen. Der Zweck ist, sie bewusst als erotisches Sprungbrett zu nutzen, um dein Bewusstsein zu erweitern. Als Paar wie als Individuum, und das außerdem ganz ohne Drogen.

KAPITEL 3

DIE SEX-CHALLENGE: WAS DICH ERWARTET!

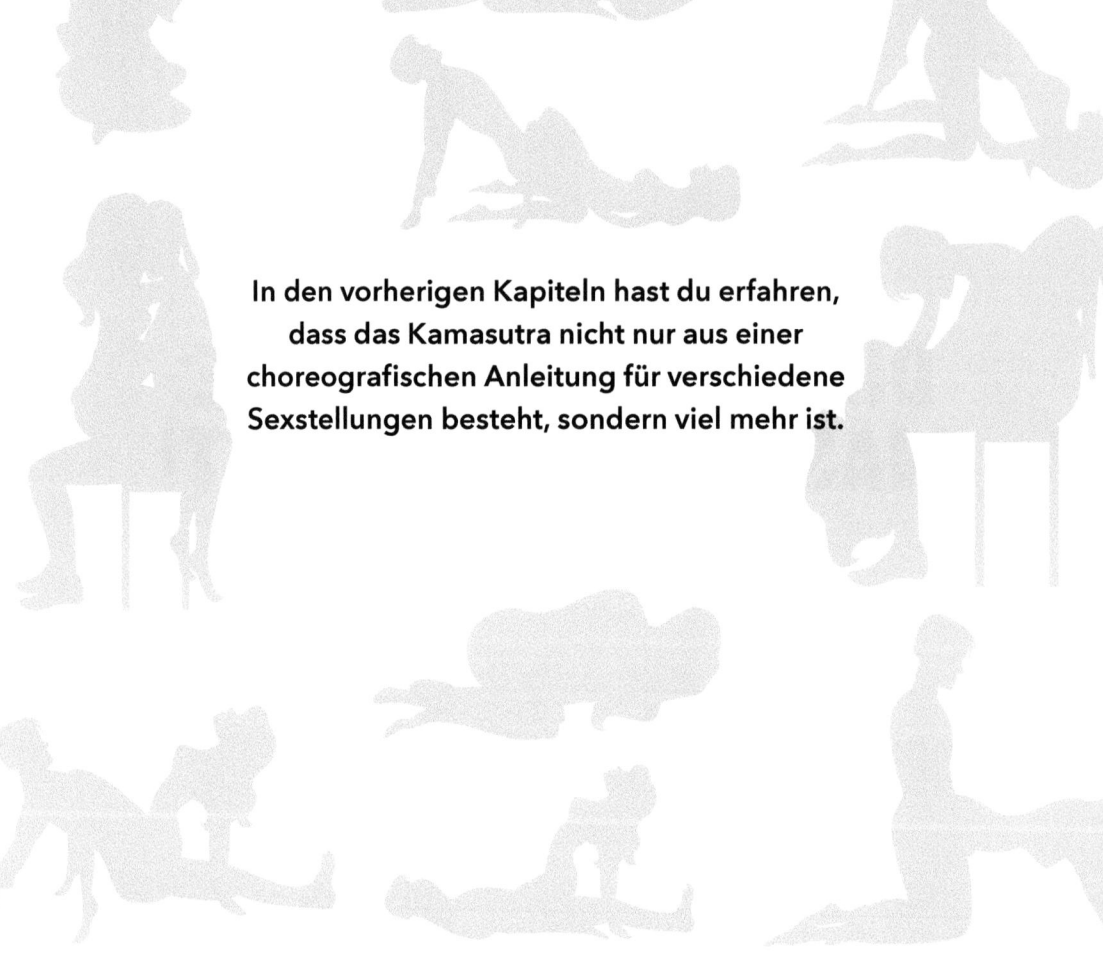

In den vorherigen Kapiteln hast du erfahren, dass das Kamasutra nicht nur aus einer choreografischen Anleitung für verschiedene Sexstellungen besteht, sondern viel mehr ist.

Obwohl natürlich Lust, Sinnlichkeit und Sex im Mittelpunkt stehen, ist es weit davon entfernt, ein bloßer Katalog menschlicher Fleischeslust zu sein. Es ist vielschichtig, lehrreich und seiner Intention nach überaus modern.

Zahlreiche Studien haben ergeben, dass der Sex in den meisten deutschen Schlafzimmern eher eintönig und routiniert vonstattengeht. So soll die Mehrzahl der Paare nur maximal fünf Sex-Stellungen kennen und zwischen diesen variieren (Vgl. 15). Abwechslung dagegen ist selten. Ganz anders ist es bei Paaren, die das Kamasutra praktizieren. Sie haben die Auswahl zwischen mehreren Hundert verschiedenen Stellungen. Genug für ein glückliches Sex-Leben. Natürlich musst du nicht alle Stellungen ausprobieren. Für einige der im Kamasutra beschriebenen Stellungen muss du tatsächlich über eine gewisse körperliche Fitness verfügen, solltest gelenkig sein und die notwendige Muskelspannung aufbringen können. Diese Stellungen weisen zudem Ähnlichkeiten mit bestimmten indischen Yoga- oder Tantra-Übungen auf.

Da das Kamasutra kein festes Dogma vertritt, bleibt es ganz dir überlassen, dich auch mit solchen Sex-Stellungen zu beschäftigen oder dich vielleicht von ihnen für dein Liebesleben inspirieren zu lassen.

Das Kamasutra lehrt dich, Sexualität mit Partner oder Partnerin mit allen Sinnen, die du hast, voll zu genießen. Dabei legt es Wert darauf, dass sich das Paar sanft anschaut, zärtlich berührt, aber auch riecht, hört, ja sogar schmeckt. Alle diese Sinneseindrücke haben allein den Zweck, Lust und Leidenschaft bis zum sexuellen Höhepunkt zu steigern. Dann kann der eigentliche Liebesakt von beiden auf eine ungeahnt ganzheitliche Art und Weise empfunden und genossen werden. Da du als Kamasutra-Praktiker besonderen Wert darauf legst, den Körper von Partnerin oder Partner genau zu erkunden, ist völlige Offenheit dem jeweils anderen gegenüber die Voraussetzung für wirklich guten Sex im Sinne dieses Lehrbuches. Jeder hat seine Vorlieben, was besonders beim Sex eine wichtige Rolle spielt. Welche Sex-Stellungen sich also für ein Paar am besten eignen, entscheidet jeder selbst.

SEXPUNKTE & LUST-SKALA

In diesem Buch nun wird dir ein ganz besonderes System vorgestellt, durch das deine Beschäftigung mit dem Kamasutra zu einer echten Challenge werden wird. Das eigene Sexleben aus dem Schatten einer Routine herauszuholen, bei der Lust und Leidenschaft vielleicht auf der Strecke bleiben, und es in das inspirierende Licht einer Challenge zu stellen, ist der Zweck des folgenden Punktesystems:

Dieses Buch ist in drei Schwierigkeitsstufen unterteilt. Zu jeder Stufe gehören jeweils 20 Sex-Stellungen, sodass insgesamt 60 Stellungen vorgestellt und beschrieben werden. Was die grafische Darstellung betrifft, so findest du zu jeder Stellung eine leicht verständliche Illustration. Diese wird anschließend in allen notwendigen Einzelheiten beschrieben. Damit wirst du in die Lage versetzt, sie leicht mit Partnerin oder Partner umzusetzen.

Jeder der drei Schwierigkeitsstufen wird ein Kapitel gewidmet:

1. Kapitel: Kamasutra Neulinge
2. Kapitel: Kamasutra Profis
3. Kapitel: Kamasutra Götter

Jeweils am Ende der drei Kapitel werden die vorgestellten Sex-Stellungen nochmals namentlich aufgelistet. Daneben findest du ausreichend Platz, um die erreichte Punktzahl einzutragen. Es können und sollen aber auch Zusatzpunkte vergeben werden, zu denen du weiter unten mehr Informationen findest. Das Punktesystem ist an die Schwierigkeitsstufen gekoppelt und wie folgt unterteilt:

❖ Stufe 1:
Für jede erfolgreich umgesetzte Stellung (Challenge) erhält das Paar 10 Punkte.

❖ Stufe 2:
Für jede erfolgreich umgesetzte Stellung (Challenge) erhält das Paar 20 Punkte.

❖ Stufe 3:
Für jede erfolgreich umgesetzte Stellung (Challenge) erhält das Paar 30 Punkte.

Aber es gibt auch Zusatz- bzw. Extrapunkte, die für die Extraleistungen eines Paares vergeben werden. Dafür müssen die nachfolgenden Fragen beantwortet werden:

1. ***Habt ihr diese Sex-Stellung außerhalb eurer eigenen Wohnung umgesetzt?***
Wenn ja, dann könnt ihr euch 5 Extrapunkte geben.

2. ***Wie viele Orgasmen hattet ihr zusammen?***
Je Orgasmus könnt ihr euch 5 Extrapunkte geben.

3. ***Habt ihr die Sex-Stellung länger als 5 Minuten am Stück umgesetzt?***
Wenn ja, dann könnt ihr euch 5 Extrapunkte geben.

4. **Habt ihr es geschafft, gleichzeitig einen Orgasmus zu haben?**
Wenn ja, dann könnt ihr euch 50 Extrapunkte geben.

5. **Habt ihr neben dieser Sex-Stellung (z. B. eine Stellung der Stufe 1) noch zwei weitere Stellungen (der Stufen 2 und 3) in einer Session geschafft?**
Wenn ja, dann könnt ihr euch 50 Extrapunkte geben. Die Umsetzung von zwei weiteren Stellungen aus den anderen Stufen ist also Voraussetzung für die Extrapunkte. Allerdings müsst ihr dazu erst die Stufe „Kamasutra für Neulinge" absolviert haben.

Außerdem gibt es eine Lust-Skala für Paare, die aus einer Auswertungsgrafik am Ende des Buches besteht. In diese Grafik können die Paare die erreichte, addierte Punktzahl mit Datumsangabe eintragen. Je nach Punkteanzahl können sie sich dann einer der angegebenen zehn Kategorien, in die die Skala unterteilt ist, zuordnen. Die Kategorien geben den Paaren an, auf welchem Level sie sich befinden, und geben Auskunft darüber, wie es um ihre Sexaktivität bestellt ist. Jede der zehn Kategorien ist in 100-Punkte-Schritte unterteilt. Die Kamasutra-Challenge gilt dann als gemeistert, wenn das Paar es bis in die höchste der zehn Kategorien der Lust-Skala geschafft hat.

KAPITEL 4

KAMASUTRA: DEINE GLÜCKSPRAXIS

4.1
Schwierigkeitsstufe 1:

„KAMASUTRA-NEULINGE"

Stellung 1:

FREIFAHRT INS PARKHAUS

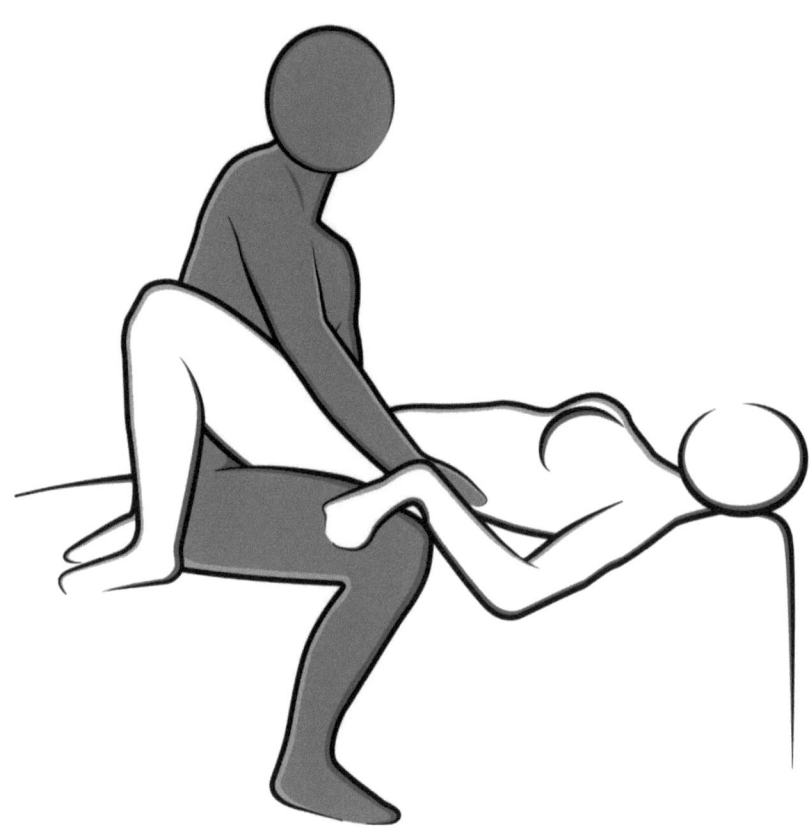

Für diese Stellung muss die Frau mit dem Rücken entspannt auf einer Bank, einem Sofa etc. liegen. Der Mann nimmt ihr gegenüber eine sitzende Haltung im rechten Winkel ein. Seine Beine sind dabei gespreizt, seinen Rücken hält er aufrecht. Vervollständigt wird diese Stellung, indem sich der Mann dann auch nach vorne über die Frau beugt und sein Penis dadurch noch tiefer in die Vagina eindringen kann. Während er sich mit seinen Armen abstützt, kann er gleichzeitig die Brüste der Frau mit seinem Mund küssen und liebkosen.

Optional kann diese Stellung auch an einem Tisch praktiziert werden, wobei der Mann steht und die Frau auf dem Tisch liegt.

Diese Stellung ist für all jene Paare geeignet, die die Stimulation des G-Punktes beabsichtigen; sie ist aber auch dann sinnvoll, wenn Schwierigkeiten beim Orgasmus auftreten. Bei dieser Stellung übernimmt der Mann den dominanten Part. Falls der Partner keine Lust auf Sex im Liegen hat, ist diese Stellung ebenfalls sehr gut geeignet. Außerdem bringt sie Schwung und Abwechslung ins Sex-Leben, da es möglich ist, immer wieder den Ort zu wechseln und neue inspirierende Situationen zu entdecken. Ebenfalls gut geeignet ist die „Freifahrt ins Parkhaus" für Frauen, die schwanger sind.

AUF SCHAMHAARES BREITE

Bei dieser Stellung sitzt sich das Paar zunächst gegenüber im Bett oder auf einer Liebesmatte auf dem Boden. Nach dem Austausch verliebter, verträumter und zärtlicher Blicke legt die Frau ihre Beine über die Beine des Mannes. Dabei rückt sie langsam und sanft immer näher an seinen Körper heran. Schließlich, wenn sie ihren Körper eng an seinem spürt, umarmt sie den Oberkörper des Mannes, wobei sein Penis in ihre Vagina eindringt und sie beide langsam und mit genussvoll rhythmischen Bewegungen des Unterleibs leidenschaftlich ihrem gemeinsamen Orgasmus entgegenwippen.

Diese Stellung gilt als eine der innigsten überhaupt und eignet sich besonders gut für frisch verliebte Paare, für die das Bett der liebste Sex-Ort ist.

Ein Vorteil für die Frau bei dieser Stellung „Auf Schamhaares Breite" besteht darin, dass sie sich in den behütenden Schoss des Mannes begibt. Während sein Penis in sie eindringt, gibt sie sich ganz den Liebkosungen seiner starken Hände hin, wobei sie jede seiner Bewegungen und Gefühlsregungen bemerkt. Streichen seine Hände während der rhythmischen Bewegungen noch sanft über ihren Rücken, ist das ein weiterer prickelnder Sex-Genuss für sie. Da beide eng umschlungen sind, kann er aber auch ihre Brüste mit dem Mund küssen. Diese Stellung ist besonders für Frauen geeignet, die sich vom Mann verwöhnen lassen wollen.

Für den Mann bringt diese Stellung auch zahlreiche Vorteile, so z. B., dass sich die Frau in seinen Schoss begibt und er seinen liebevollen Beschützerinstinkt voll ausleben kann. Er kann ihr Becken ergreifen und den Rhythmus vorgeben, mit dem sich beide zum Orgasmus bewegen. Da die Beine der Frau gespreizt sind, kann sein Penis tief in ihre Vagina eindringen und so Klitoris und Innenwand ihrer Vagina stimulieren. Außerdem ist er ihren Brüsten sehr nahe und kann sie dabei beobachten, wie sie das gemeinsame Liebesspiel in vollen Zügen genießt.

LUST AUF KNAST

Diese Stellung eignet sich für das kuschlige Bett oder aber, wenn es das Paar ein wenig härter vorzieht, für den Boden, optional mit oder ohne Matte.

Die Frau legt sich auf den Rücken. Für die „Lust auf Knast" kommen natürlich Handschellen ins Spiel. Es sollte aber die flauschige Variante für Sexspiele sein. Der Mann fesselt dann die Handgelenke seiner Partnerin vorsichtig an deren Fußgelenke. Dann zieht die Frau die Knie an ihren Körper heran, so weit, wie es geht und nicht schmerzt. Wer allerdings den Schmerz-Faktor in seine Sex-Erfahrungen einbauen möchte, kann dies, wenn es die Fitness erlaubt, hierbei tun und die Knie extrem nah an den Körper heranziehen. Hat die Frau diese Körperhaltung eingenommen, kann der Mann nun leicht in ihre Vagina eindringen und dabei vielleicht die Haut unter den Handschellen an den Handgelenken streicheln.

Auch bei dieser Stellung wird dem G-Punkt besondere Aufmerksamkeit geschenkt. Bei „Lust auf Knast" ist es der Mann, der vorgibt, wie lange das Spiel dauert. Ein Vorteil für den Mann bei dieser Stellung ist z. B., dass die Frau auch einen kleinen Penis sehr intensiv in ihrer Vagina spüren kann. Der sexuelle Höhepunkt kann dann über einen gemeinsamen Wipp-Rhythmus erreicht werden. Allerdings ist der Mann gut beraten, Abwechslung ins Spiel zu bringen, d. h. Tempo und Eindringtiefe seines Penis zu variieren.

DEN MACHO ZÄHMEN

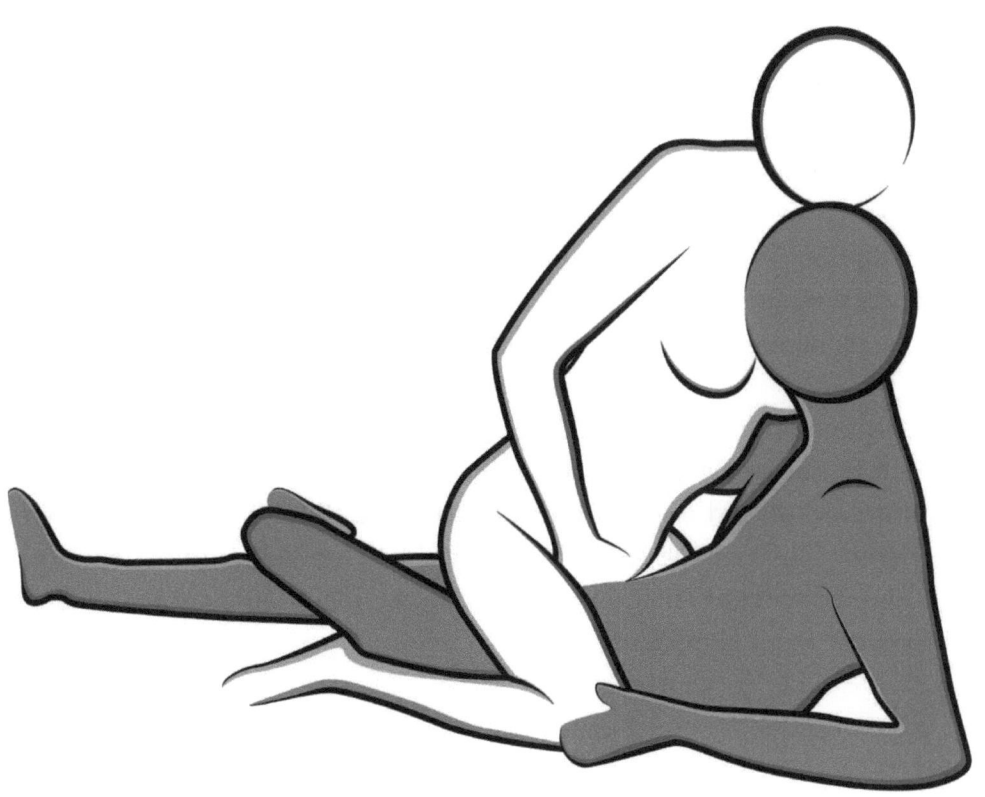

Neben dem berühmten Doggy-Style und der Missionarsstellung, die zu den Klassikern schlechthin gehören, ist die Stellung „Den Macho zähmen" sehr beliebt. Sie ist auch als „Reiterstellung" bekannt, von der es verschiedene abwechslungsreiche Varianten gibt.

Bei dieser Stellung hat die Frau die Zügel fest in der Hand und dominiert den Mann, der unter ihr auf dem Rücken liegt. Während sie auf seiner Hüfte sitzt, zähmt sie den Macho, wobei ihr Partner ihre Klitoris stimulieren und sanft ihre Brüste liebkosen kann. Wenn die Frau ein wenig mehr Intensität wünscht, hat sie die Option, ihre Beine stärker nach oben zu drücken und dadurch eine hockende Haltung einzunehmen. Es ist zwar anstrengender als die einfachere Variante, dient aber dazu, ihren Po zu trainieren.

Während des Spiels kann sich die Partnerin nach vorne beugen und dabei ihre Hände neben dem Kopf des Mannes abstützen. Oder aber sie richtet ihren Körper auf und beginnt damit, selbst ihre Klitoris mit den Händen zu stimulieren. Die Frau hat weiter die Möglichkeit, entweder mit ihrem Körper zu wippen oder aber kreisförmige Bewegungen mit ihrem Becken zu machen, während der Penis in der Vagina ist.

Ein Vorteil für den Mann ist es, dass er das Gefühl hat, seiner Partnerin ausgeliefert zu sein, während sein Kopfkino auf vollen Touren laufen kann. Für Männer, die Schwierigkeiten beim Orgasmus haben, ist diese Stellung hingegen weniger zu empfehlen, da der Mann ja grundsätzlich passiv bleibt und körperlich nicht sehr gefordert wird. Wenn die Frau es zulässt, kann der Penis des Mannes tief in sie eindringen, wodurch ihr G-Punkt stimuliert wird, was ein Vorteil für die Frau ist.

Manche Frauen helfen mit einer Hand nach, um schneller zum Orgasmus zu kommen. Ein weiterer Vorteil dieser Stellung besteht darin, dass sich das Paar innig in die Augen schauen und zärtliche Worte ins Ohr zuflüstern kann. Ist eine Frau z. B. schwanger, ist es ein zusätzlicher Vorteil, dass ihr Babybauch sie beim Sex nicht weiter behindert und stört.

DER SEX-BIKER

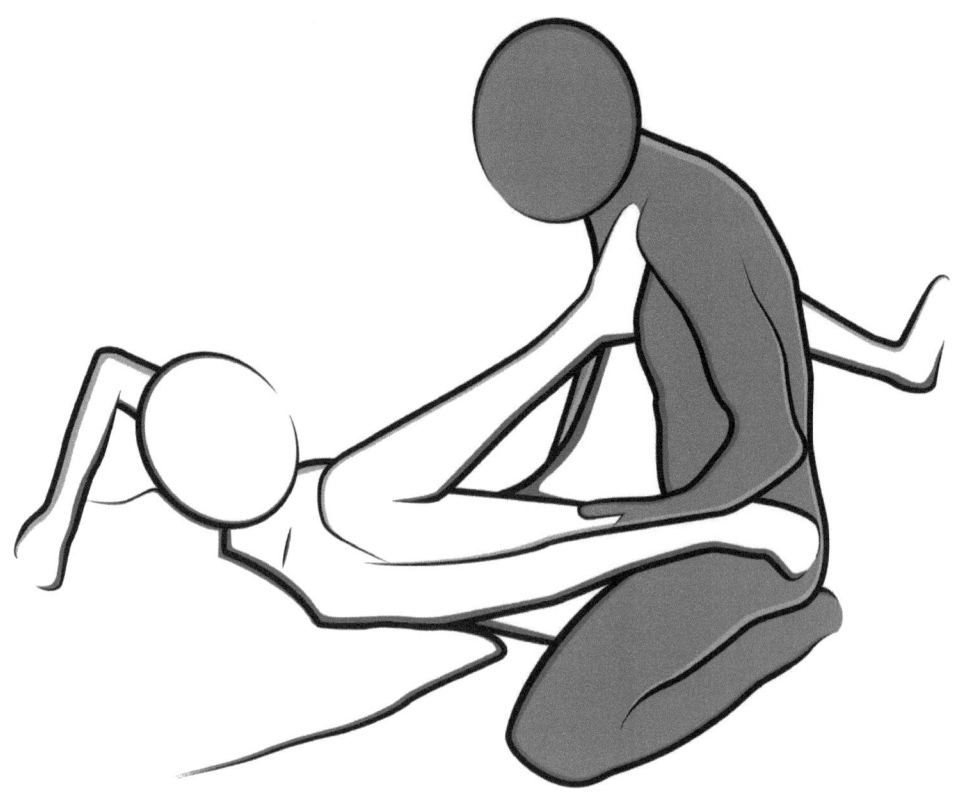

Bei dieser Stellung legt sich die Frau mit dem Rücken auf ein Kissen, ein Sofa oder auch auf einen Stuhl und legt ihren linken Arm zum Abstützen angewinkelt nach hin-ten. Der Mann kniet vor ihr, während sie ihr rechtes Bein anwinkelt und gegen seine Brust presst. Das linke Bein wird zur Seite gestellt oder aber in der Luft gehalten. Ihr anderer Arm ruht derweil auf seiner Hüfte.

Bei dieser Stellung, die auch „Radfahren" genannt wird, dominiert der Mann, spreizt seine Beine und dringt in die Vagina seiner Partnerin ein, während diese sich nach hinten lehnt bzw. vom Mann nach hinten gedrückt wird. Auch hier können sich beide Partner in die Augen schauen und sich zärtliche Worte zuflüstern.

Stellung 6:

GOLDSTÄNDER

Diese Stellung ist besonders für Männer geeignet, die besser im Stehen als im Liegen zum Orgasmus kommen. Die Frau steht mit dem Rücken zu ihrem Partner, wobei sie ihre Knie gegen einen Stuhl drückt, der gepolstert sein sollte. Dabei stützt sie sich mit den Händen auf der Stuhllehne ab. Der Mann hat nun die Aufgabe, sich mit seinem Körper von hinten gegen seine Partnerin zu drücken, sie sanft zu umarmen und mit beiden Händen ihre Brüste zu umfassen. Dabei penetriert der Mann seine Partnerin von hinten.

Eine Option besteht darin, mit einer Hand eine Brustwarze der Frau von hinten zu umfassen und mit der anderen Hand die Klitoris zu stimulieren. Für jene Paare, die den Sex ein wenig härter mögen, kann auch ein Bondage-Element mit ins Spiel kommen, d. h., die Hände der Frau können vor dem Sex mit Handschellen an die Stuhllehne gefesselt werden.

„Raus aus dem Bett" kann bei dieser Stellung die Devise lauten. Ein Vorteil besteht auch hier darin, dass die Partner ab und zu einen anderen Ort zum Sex aufsuchen können. Diese Stellung eignet sich besonders für Frauen, die es lieben, den Penis des Partners intensiv zu spüren. Auch für Schwangere ist „Goldständer" ideal, denn der Babybauch kann den Partner nicht weiter behindern.

DIE VORSTANDSSITZUNG

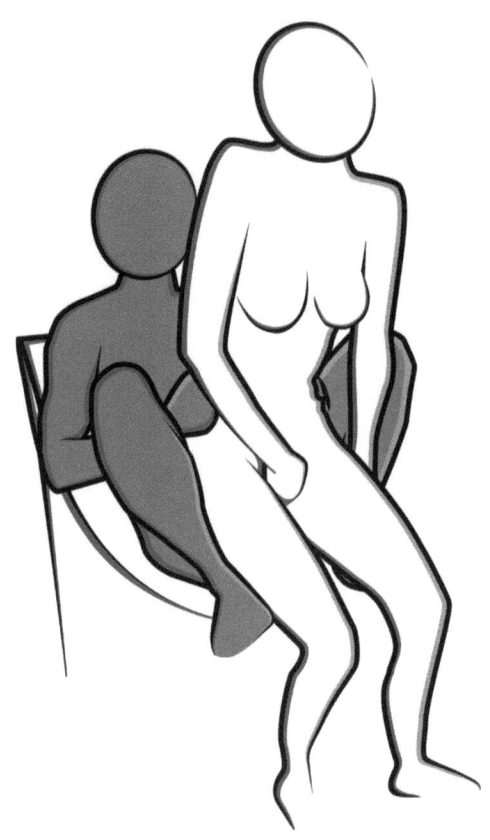

Bei dieser Stellung sitzt der Mann in einem bequemen Sessel oder auf einem Stuhl. Seine Beine sind weit geöffnet und aufgestellt. Dann setzt sich die Partnerin zu ihm auf den Schoss, wobei sie ihm den Rücken zuwendet. Sie hat bei dieser Körperhaltung nun die Möglichkeit, verspielt seine Füße zu liebkosen oder aber auch mit sich selbst zu spielen, mit einer Hand ihre Vagina zu berühren oder sich sinnlich an die Brust zu fassen.

Diese Übung ist eine „Vorstandssitzung" für die Frau, denn sie ist es, die den Ton und den Takt angibt. Sie hat die Möglichkeit, den Penis des Mannes in ihre Vagina hinein- und hinausgleiten zu lassen, wie sie es wünscht. Der Mann bleibt dabei passiv.

DAS SCHAFFT KEIN HUND

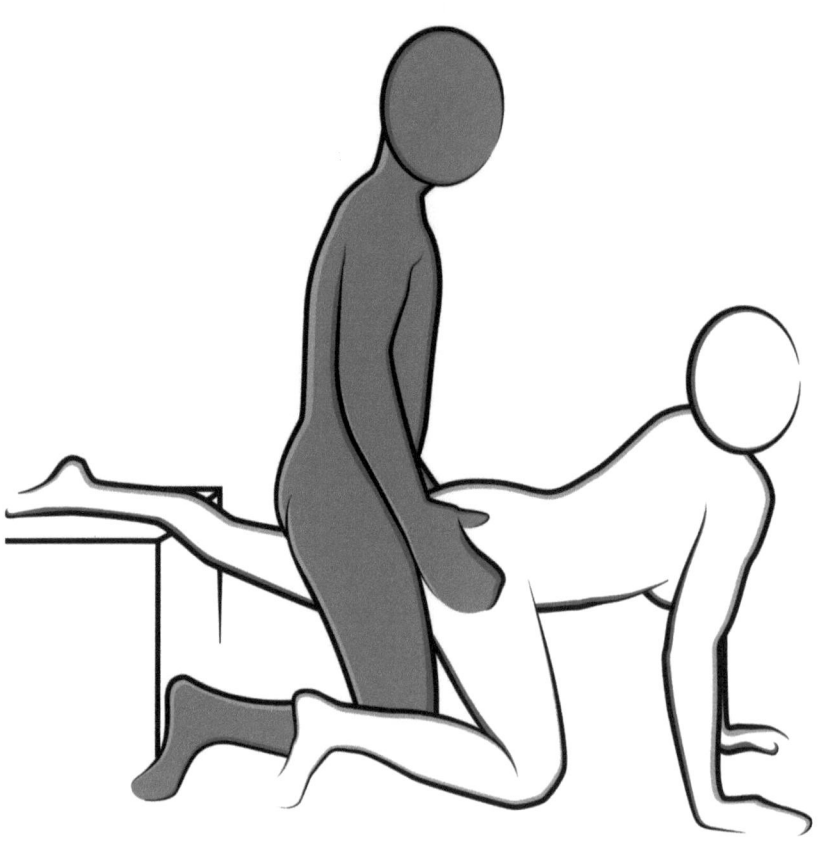

Diese Stellung kann als eine Variante des klassischen Doggy-Style angesehen werden. Die Frau nimmt dabei den Vierfüßlerstand ein, wobei sie ihren linken Fuß auf Höhe des Schienbeins auf einem Stuhl oder einem niedrigen Tisch ablegt. So signalisiert sie dem Mann, dass sie seinen Penis spüren will. Der Partner dringt dann von hinten in die Frau ein und gibt das Tempo des Spiels vor.

Wie er das tut, ist ihm überlassen, doch gibt es mehrere Stoßtechniken, die der Mann beim Kamasutra mit dem Geschlechtsakt kombinieren sollte. Mit diesen acht Techniken kann er verhindern, vor seiner Partnerin einen Orgasmus zu bekommen.

1. **„Einfach hin und her":**
   Diese Bewegung des Penis ist der natürlichste Akt und ermöglicht eine zärtliche, behutsame Vereinigung mit der Partnerin.

2. **„Der Dolchstoß":**
   Hierbei wird das Becken der Frau vom Mann gesenkt, sodass der Penis von oben in die Vagina eindringen kann.

3. **„Der Hurrikan":**
   Bei dieser Bewegungsvariante zieht der Mann den Penis zuerst zurück, bevor er dann plötzlich und schnell in die Frau eindringt.

4. **„Wie ein Wildschwein":**
   Hierbei penetriert der Mann die Partnerin mehrere Male, aber nur von einer Seite.

5. **„Wie ein wilder Stier":**
   Diese Variante besteht darin, dass der Mann seine Partnerin mehrmals und abwechselnd von beiden Seiten penetriert.

6. **„Der Bohrer":**
   Bei dieser Bewegung nimmt der Mann seinen Penis, der sich in der Vagina befindet, in die Hand und dreht ihn in alle Richtungen.

7. **„Bis zum letzten Mann":**
   Hierbei dringt der Mann mit seinem Penis tief in die Vagina ein, verharrt in ihr, während er stark und lange nach innen drückt.

8. **„Das Erdbeben":**
   Diese Bewegung besteht darin, dass der Mann seinen Penis von unten in die Frau einführt, während er ihr Becken anhebt.

VON WEGEN STINKLANGWEILIG!

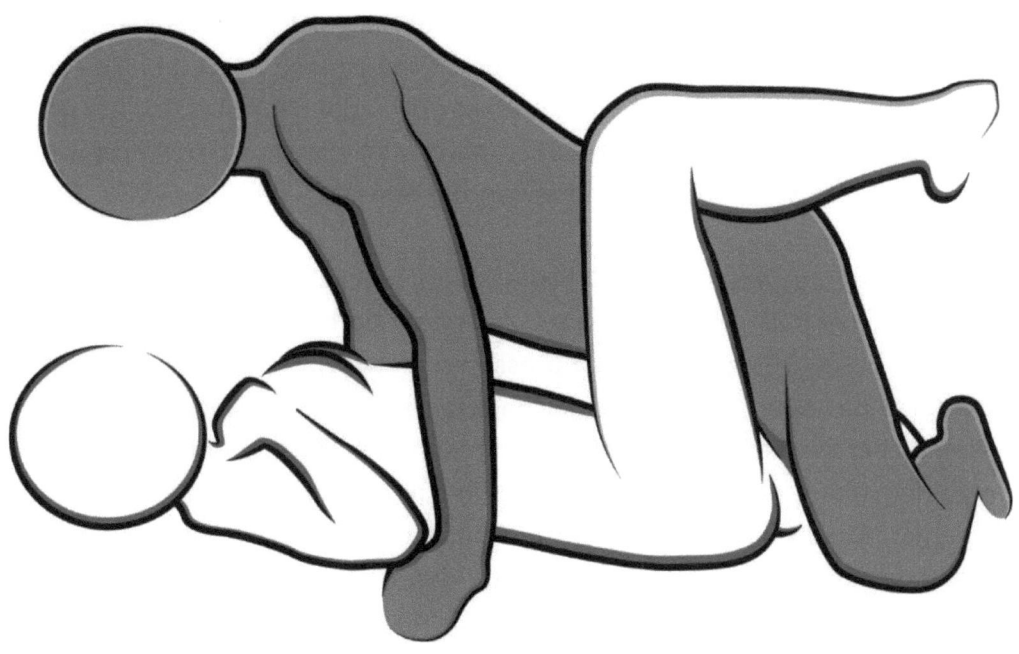

Diese Stellung ist vielleicht die bekannteste Sex-Stellung überhaupt, die auch als „Missionarsstellung" bezeichnet wird. Sie ist der Inbegriff des sogenannten „Blümchensex", der zu einem Synonym für Ideenlosigkeit beim Sex geworden ist.

Hierbei „bekehrt" der Mann die Frau, die eigentlich passiv bleibt. Sie legt sich auf den Rücken und stellt ihre Beine so auf, dass sie leicht angewinkelt sind. Es besteht auch die Möglichkeit, dass sie ihre Beine einfach zur Seite fallen lässt. Entweder legt sie ihre Hände vor die Brust oder aber sie stützt sich mit ihnen ab. Obwohl der Mann der aktive Part ist, kann auch die Frau aktiv werden, und zwar, indem sie durch ihre Beckenbewegung den Akt leitet.

Doch die Stellung „Von wegen stinklangweilig!" kann variiert werden: Beispielsweise kann die Partnerin ihre Beine auf die Schultern des Mannes legen oder aber ihre Füße gegen seine Brust pressen oder sie zumindest dort abstellen. Das sorgt für mehr Tiefe beim Eindringen des Penis. Es gibt aber auch die Variante, bei der die Frau nicht mit flachem, sondern mit angehobenem Rücken unter dem Mann liegt. Dazu muss sie nur ihre angewinkelten Beine zu sich heranziehen, sodass ihre Oberschenkel leicht den Bauch berühren können. Der Vorteil der angehobenen Stellung besteht darin, dass der Partner sein Becken hin- und herschieben oder kreisen lassen kann, wodurch ihm die Stimulation von Vagina und Klitoris gelingt.

Gleichzeitig kann die Frau ihren Partner darin unterstützen, und zwar, indem sie ihr Becken abwechselnd hebt und senkt. Besonders für Neulinge des Kamasutras ist diese Slow-Sex-Variante gut geeignet.

Ein weiterer Vorteil dieser Stellung ist es, dass die Frau mit ihren Händen den Partner liebkosen und streicheln kann, wie z. B. am Po oder auch am Hodensack. Hat der Partner einen längeren Penis, ist die angehobene Variante dieser Stellung besonders zu empfehlen, denn sie ermöglicht es ihm, zu beeinflussen, wie weit sein Penis eindringen soll. Eine Frau, die es liebt, wenn der Penis tief eindringt, kann diese Stellung variieren, indem sie ihre Beine über den Kopf hebt, wodurch der Vaginalkanal verengt wird und der G-Punkt hinter dem Eingang der Vagina stärker stimuliert werden kann.

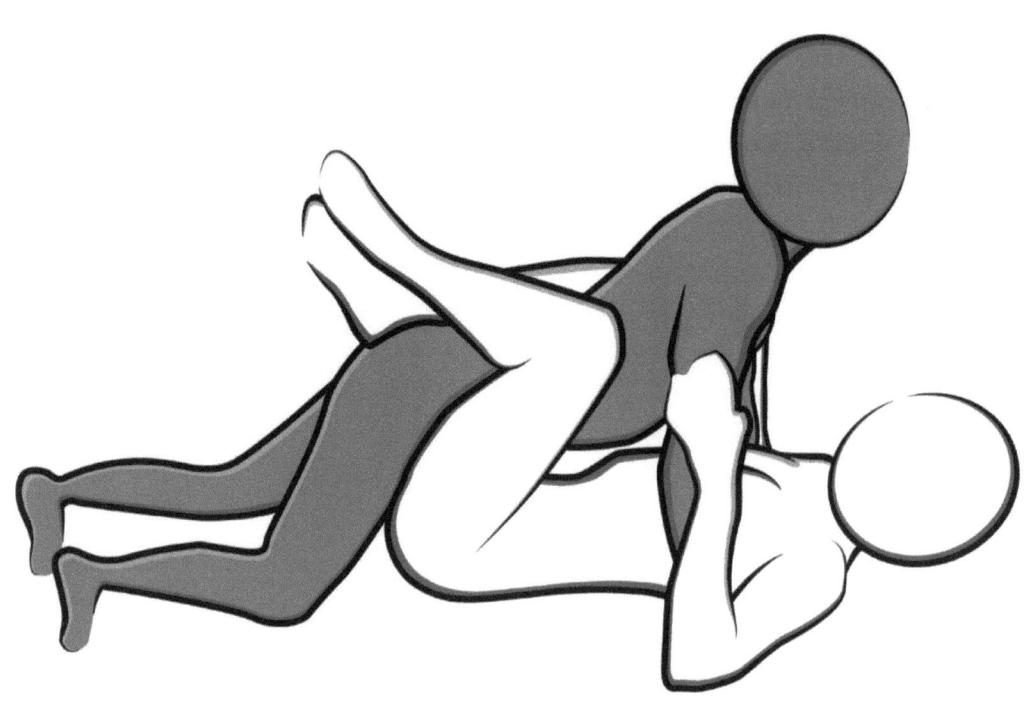

Stellung 10:
MACH MICH RICHTIG GEIL!

Diese Variante der „Missionarsstellung" mit dem Namen „Mach mich richtig geil!" bringt eine weitere Steigerung der sexuellen Lust.

Auch hier liegt die Frau auf dem Rücken unter dem Mann, der mit seinem erigierten Penis zwischen ihre Schenkel kommt. Doch bei dieser intensiven Variante schließt die Partnerin den Körper des Mannes, der auf ihr liegt, zangenartig mit ihren Beinen ein. Man nennt diese Variante im Kamasutra auch „Kranich". Wie viel Druck sie dabei ausübt, hängt von der Vorliebe des Paares ab. Ist der Druck hoch, kann man schon von einem leichten Bondage-Akt sprechen.

Gleichzeitig ergreift die Frau mit ihren Händen die Oberarme des Mannes und zieht sie zu sich herunter, sodass es zu einer sinnlichen und besonders luststeigernden Haut-auf-Haut-Situation kommt. Durch harmonisierte Beckenbewegungen beider Partner lässt sich die Intensität dieser Stellung noch einmal erhöhen.

DER PO-KLATSCHER

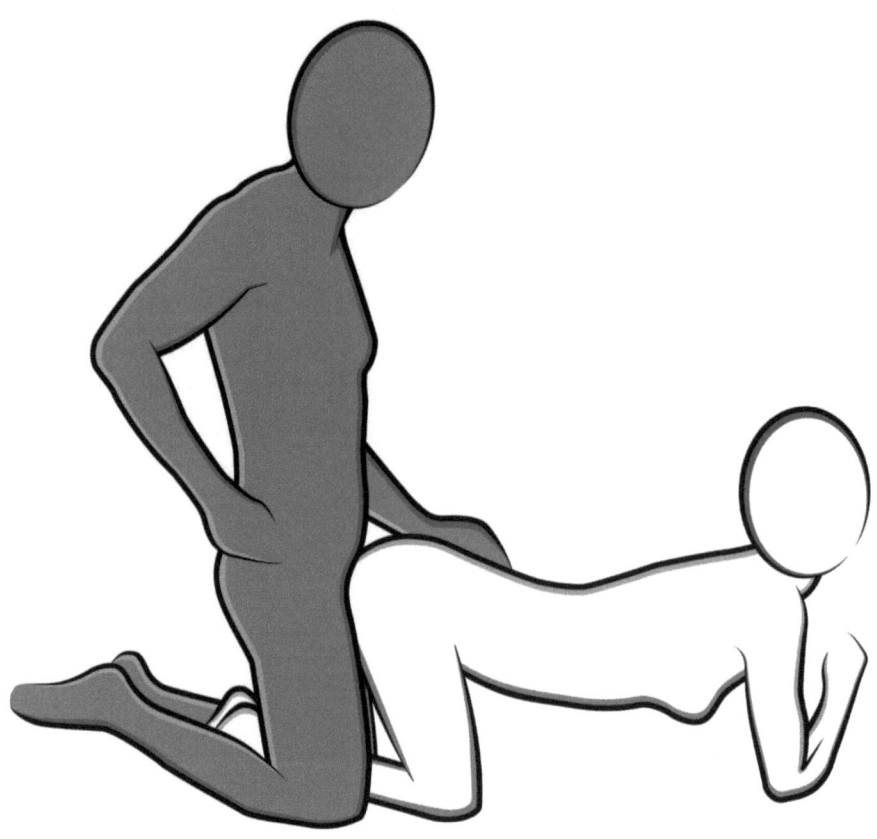

Diese Stellung ist auch als Doggy-Style bekannt. Hierbei geht die Partnerin in den Vierfüßlerstand, während sich der Mann hinter ihr auf den Knien positioniert und von hinten in sie eindringt. Die Frau stützt sich dabei auf den Ellenbogen ab.

So einfach, wie diese Stellung in der Praxis umzusetzen ist, so vielfältig, befriedigend und intensiv ist sie für das Paar: Für den Mann, der spontanen Sex liebt, und für die Frau, die schnell und ohne Vorspiel zum Orgasmus kommen will. Der „Po-Klatscher" ist keine innige Liebesstellung, sondern dient in erster Linie der reinen Befriedigung sexueller Begierde. Er ist für Männer und Frauen geeignet, die einfach geil aufeinander sind und sich nicht mit komplizierten Stellungen abgeben wollen.

Beim „Po-Klatscher" sind es die Hüften der Partnerin, die als Haltepunkt für den Mann dienen, während dieser den Takt vorgibt. Der große Vorteil dieser Stellung ist die Tatsache, dass der Penis tief in die Vagina eindringen kann und somit intensiv stimuliert wird. Was die Natur vorgibt, soll der Mensch nicht ändern: So kann der Penis bei dieser aus der Tierwelt abgeguckten Stellung nicht nur tief in die Frau ein-dringen, sondern auch das Sperma des Mannes kann besser in der Vagina positioniert werden.

Der Vorteil für die Frau liegt zudem in der Stimulation des G-Punktes. Wenn sie dann noch zusätzlich mit einer Hand die Klitoris berührt und streichelt, wird der Doggy-Style-Sex zu einer echten „Sexplosion".

Kamasutra-Sex von hinten ist perfekt für spontane Gelegenheiten geeignet. Allerdings sollte man seinen Sex-Partner gut kennen, denn es kann bei manchen Frauen vor-kommen, dass das tiefe Eindringen des Penis in die Vagina empfindliche Schmerzen verursacht. Der Mann sollte darum im Falle eines Falles vorsichtig zur Tat schreiten und vielleicht zusätzlich mit seinen Händen die Brüste seiner Partnerin oder ihre Klitoris streicheln.

Stellung 12:
DER PO-GRABSCHER

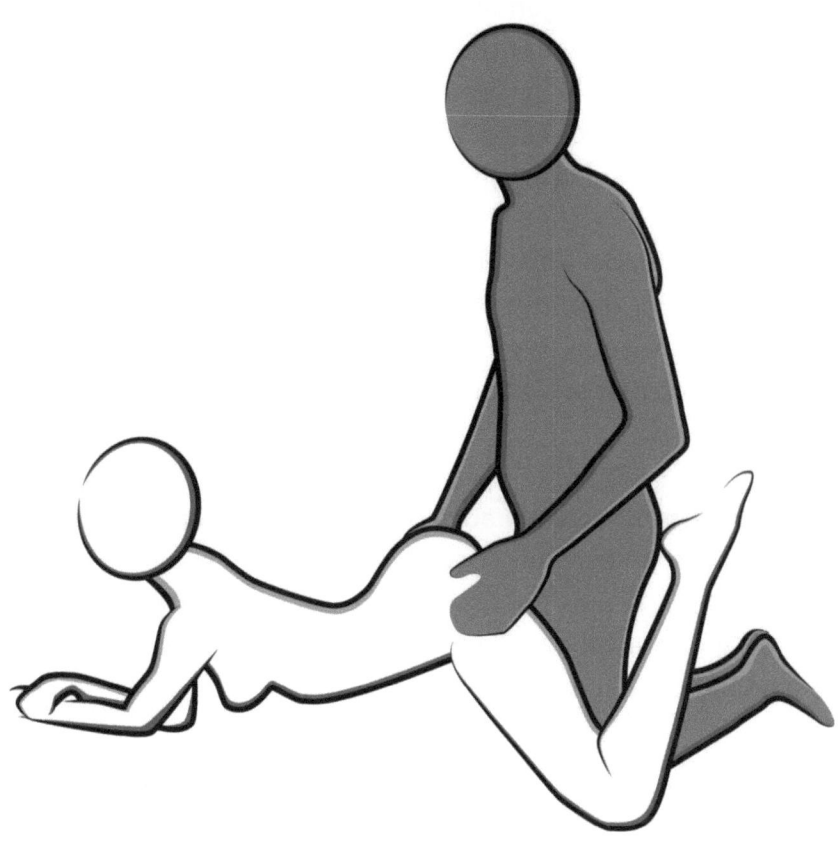

Varianten des Doggy-Style „Po-Klatschers" gibt es mehrere. Diese hängen von dem Winkel ab, in dem der Penis von hinten in die Frau eindringt. Beim „Po-Grabscher" nimmt die Frau eine weniger erhöhte Stellung ein, d. h., sie stützt sich nicht auf ihren Ellenbogen ab, sondern verlagert ihr Körpergewicht auf die Unterarme. Dafür aber hebt der Mann, der von hinten in sie eindringt, ihr Becken an, sodass eine sehr innige und enge Verbindung zwischen Penis und Vagina entstehen kann. Der kniende Mann umfasst dabei mit seinen Händen von hinten den Po seiner Partnerin.

Eine Option für Paare, die eine leicht verspielte BDSM-Variante ausprobieren wollen, besteht darin, dass der Mann ab und zu kräftig in den Po der Frau kneift. Ein noch intensiveres Sex-Erlebnis wird möglich, wenn sich die Partnerin so klein wie möglich macht, was sie erreicht, indem sie ihre Oberschenkel als Arm-Ablage einsetzt.

Was den Mann betrifft, so kann auch er den Eindringwinkel verändern, z. B., indem er aus seiner Kniestellung herausgeht und eines seiner Beine aufstellt. Damit der Doggy-Style-Sex buchstäblich reibungslos funktionieren kann, ist es manchmal angebracht, ein Gleitgel einzusetzen, mit dem man auch nicht sparsam umgehen muss.

SICHER IST SICHER

Bei dieser Stellung liegt die Frau mit gespreizten Beinen auf dem Rücken, während der Mann sich auf sie legt, sich mit den Händen abstützt und in sie eindringt. Die Frau, die sich dabei nicht abstützen muss, hat ihre Hände frei, sodass sie bei ihrem Partner durch Liebkosungen, Streicheln und Küssen die sexuelle Lust zusätzlich verstärken kann.

Die Stellung „Sicher ist sicher" ist besonders für Paare geeignet, bei denen einer der Partner oder sogar beide Partner Schwierigkeiten haben, einen Orgasmus zu bekommen. Bei dieser Stellung ist es der Mann, der dominiert und die Richtung vorgibt, in die das Sex-Spiel gehen soll.

Beliebt ist sie wegen ihrer sehr intimen und romantischen Kuschelhaltung, bei der sich das Paar zärtliche Worte zuflüstern kann und reichlich Platz für sanfte Streicheleinheiten ist. Das ist für den Orgasmus nur förderlich. Frauen, deren Partner einen kleinen Penis haben, können bei dieser Stellung das Glied des Mannes viel besser spüren als bei manch anderen Stellungen.

Stellung 14:

DIE SEX-DOHLE

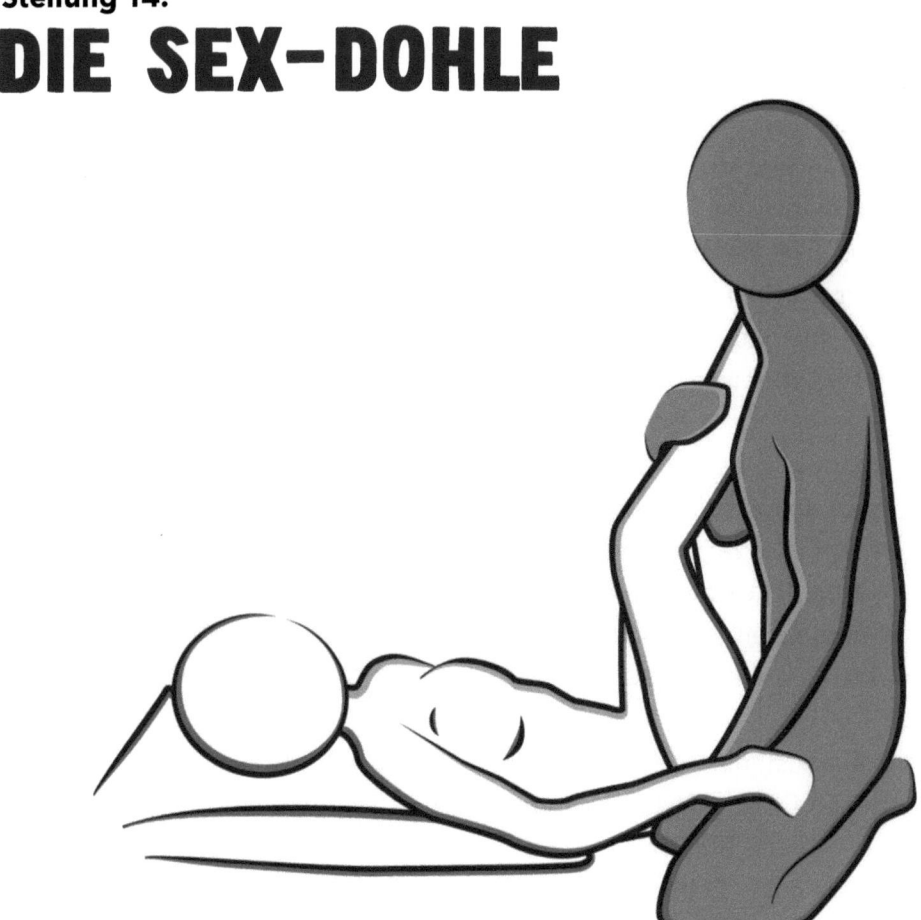

Diese Stellung ist auch aus „Beinstrecker" bekannt. „Hoch das Bein" lautet die Devise. Hierbei legt sich die Partnerin auf den Rücken, legt ihre Arme entweder neben ihrem Körper ab oder aber verschränkt sie entspannt hinter ihrem Kopf. Dafür kann ein Kissen verwendet werden. Sie legt ein Bein auf die Schulter des Mannes, das andere streckt sie unter ihm auf dem Bett, auf der Sex-Matte oder auf dem Boden aus. Ihr Partner kniet sich dicht vor ihr hin und penetriert sie mit seinem Penis. Eine Hand hält dabei ihren Fuß auf Schienbein-Höhe, die andere ruht an ihrem Becken oder umfasst optional ihren Unterschenkel. Da die Frau beide Hände frei hat, kann sie selbst aktiv werden und entweder ihren Partner streicheln oder aber ihre Brüste liebkosen, was sie noch weiter entspannt.

Bei der Stellung „Die Sex-Dohle" ist es der Mann, der das Tempo des Sex-Spiels vorgibt, er wird aber dabei durch den abwechselnden Druck des Beines auf seiner Schulter zärtlich gelenkt. Diese Stellung ist sehr beliebt, weil sie extreme körperliche Nähe und Intimität bringt. Außerdem haben Mann und Frau die Möglichkeit, sich während des Sexes verliebt anzuschauen und den Orgasmus so gemeinsam zu erleben.

Diese Stellung ist nichts für spontanen Sex, wie beispielsweise die oben beschriebenen Doggy-Style-Varianten. Auch ist sie nichts für Paare, denen es nur um die schnelle Befriedigung der Lust ohne den Austausch von Zärtlichkeiten geht. „Die Sex-Dohle" ist etwas für die Genießer von Lust und Liebe und perfekt geeignet für längere und ausdauernde Kamasutra-Sessions.

Der Ablauf dieses Sex-Spiels wird von der Frau bestimmt, und zwar durch das erhobene Bein. Sie bestimmt mit anderen Worten, wie tief sich ihr Partner zu ihr herunterbeugen darf und welches Tempo das Liebesspiel haben soll. Wenn ein Stellungswechsel erwünscht ist, kann sie einfach ihr Bein von der Schulter des Partners heruntergleiten lassen und sich z. B. in die Bauchlage drehen.

Der Mann hat den Vorteil, dass seine Partnerin willig, verführerisch mit aus-gestrecktem und vielleicht sogar eingeöltem Körper vor ihm liegt. So kann er sich genussvoll und leidenschaftlich Bauch, Brüsten, Hals und Gesicht widmen und ab und zu auch einmal etwas beherzter zugreifen. Durch das gestreckte Bein hat der das Gefühl, sich an seine Partnerin anlehnen zu können, emp-findet aber auch die Befriedigung, sie im Griff haben zu können.

Obwohl das Kamasutra eigentlich nichts mit BDSM zu tun hat, gibt es natürlich Crossover-Stellungen, d. h., es ist möglich, hier und dort und ab und zu einige Änderungen vorzunehmen, um die Liebhaber der härteren Gangart zu befrie-digen. Bei der Stellung „Die Sex-Dohle" bietet es sich z. B. an, dass die Frau halterlose Strümpfe trägt, wenn ihr Partner darauf steht. Außerdem kann sie High Heels anziehen, diese auf die Brust des Partners stellen und ihm dadurch die Richtung des Spiels vorgeben. Allerdings wird dann aus dieser Stellung, die eigentlich der Entspannung von beiden Partnern dienen soll, mehr und mehr eine aktive Nummer.

DIE RUMPELKISTE

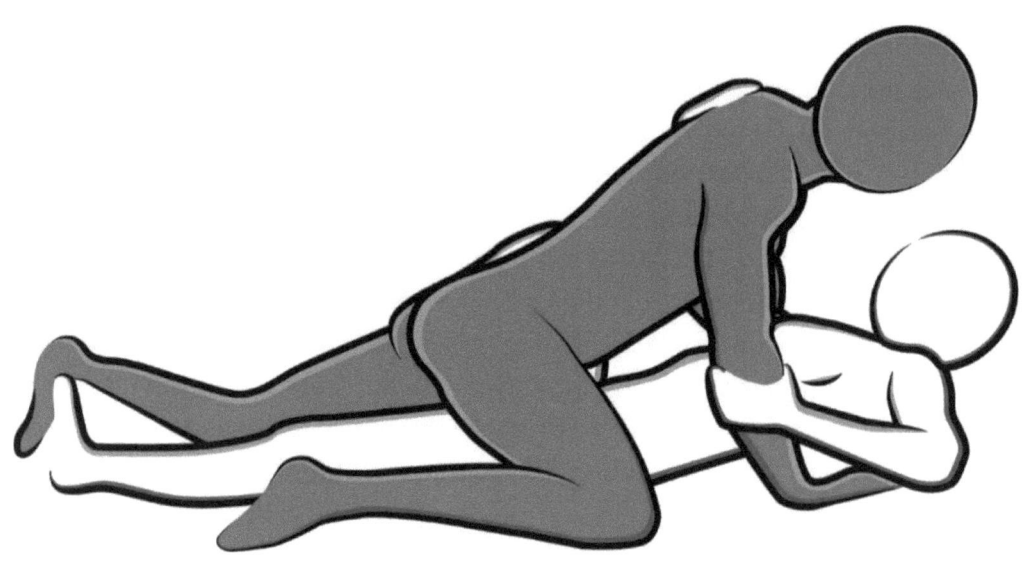

Bei dieser Stellung liegt die Frau auf dem Rücken und öffnet ein Bein zur Seite, damit der Mann in einer ganz ähnlichen Körperhaltung von oben in sie eindringen kann. Der Zweck der „Rumpelkiste" besteht auch darin, dass der Partner ab und zu seine rhythmische Penetration unterbricht, den erigierten Penis aus der Vagina zurückzieht, um mit der Penis-Eichel die Klitoris seiner Partnerin zu stimulieren. Die Frau kann dabei den Mann an beiden Unterarmen festhalten, während ihr Kopf entspannt auf einem Kissen ruht.

Hierbei übernimmt der Partner den aktiven Part des Spiels und gibt den Rhythmus aus Penetration und Klitoris-Stimulation vor.

Stellung 16:

DER SCHERENSTECHER

Hierbei legt sich die Partnerin auf den Rücken und zieht dann beide gestreckten Beine mit ihren Händen auf Wadenhöhe nah an ihre Schultern heran, sodass sie leicht angewinkelt seitlich abstehen. Der Partner kniet vor ihr, stützt sich mit den Händen ab und kann so in sie eindringen. Die Frau hat dabei die Möglichkeit, je nach Lustempfinden, Erregung und im Rhythmus des Mannes ihre Beine vor- und zurückzubewegen. Oder aber sie gibt durch ihre Beinbewegungen selbst den Rhythmus vor.

Bei dieser Stellung kann der Penis besonders tief in die Vagina eindringen, wobei die Stärke der Stöße variiert werden sollte. Auch hat der Mann die Möglichkeit, die Frau durch Bewegungen wie z. B. den „Bohrer", von dem weiter oben die Rede war, noch stärker zu stimulieren. Kann dieses Spiel optimal harmonisiert werden, dann können Mann und Frau abwechselnd den führenden Part übernehmen.

RITT AUF DEM VULKAN

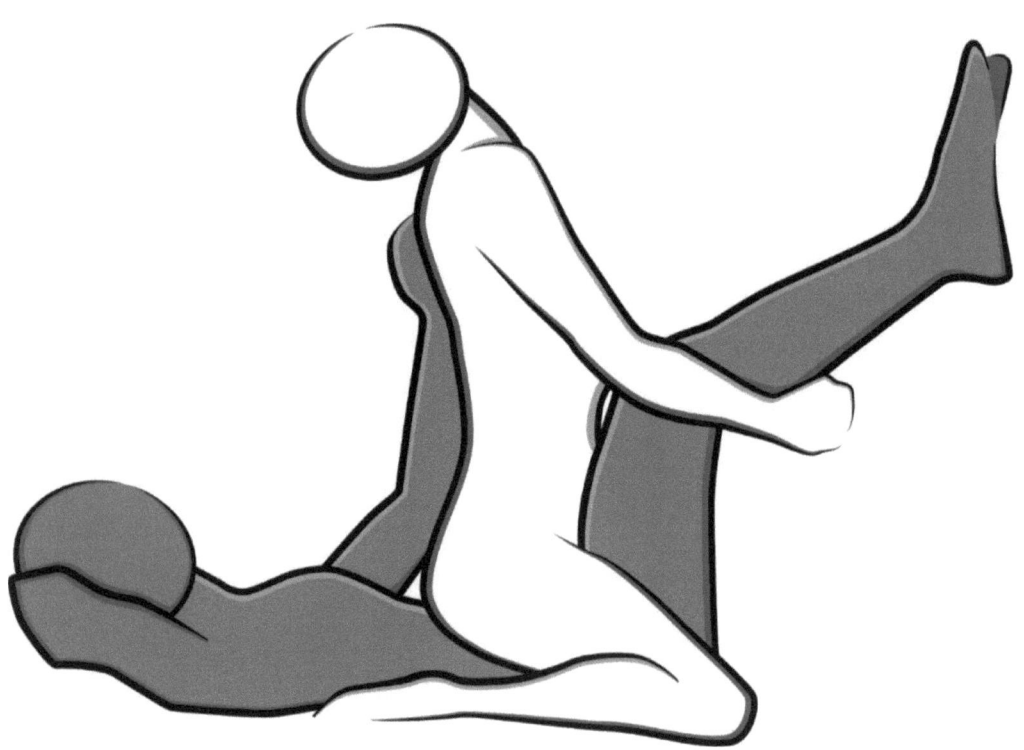

Diese Stellung beginnt für den Mann im Sitzen. Dafür ist ein bequemes Sofa am besten geeignet. Die Partnerin setzt sich rücklings auf seinen Schoss und positioniert ihre Hände unter seinen Beinen auf Höhe der Waden. Dann lehnt sich der Mann zurück, sodass seine Beine angehoben werden. Sie sitzt weiter auf seinem Schoss wie eine Reiterin auf einem Pferd. Sein Penis kann in ihre Vagina eindringen, während er unter ihr bockt. Sie kann sich nun zusätzlich seinen Streicheleinheiten an Rücken und Schultern hingeben.

Wer die BDSM-Variante ausprobieren will, kann der Partnerin vor Beginn des Sex-Spiels die Augen mit einem Schal verbinden. Besonders wenn der Mann, der unter der Frau bockt, während der Penetration leicht zu wippen beginnt, kann sie sich mit verbundenen Augen ganz ihrer Luststeigerung hingeben und sich in den glühenden Vulkan unter ihr genussvoll fallenlassen.

Stellung 18:
DIE V-FRAU

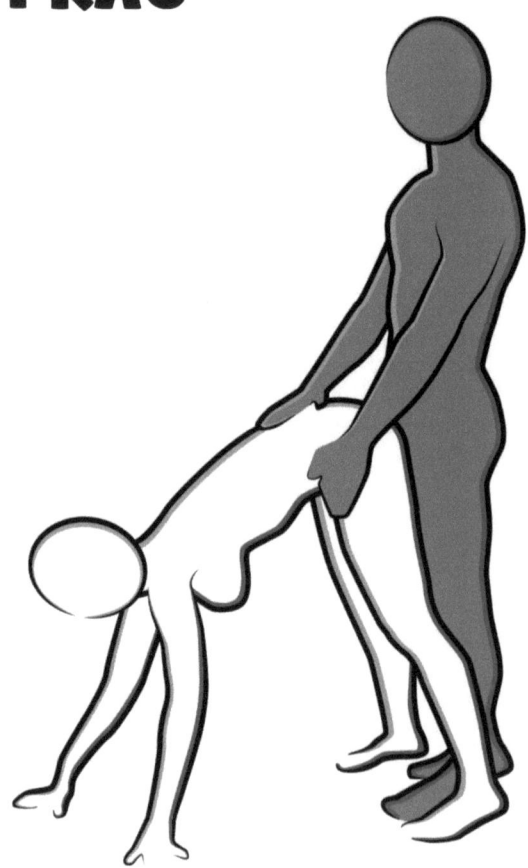

Diese Stellung stellt zum Ende der Stufe 1 „Kamasutra für Neulinge" vielleicht auch schon eine erste körperliche Herausforderung dar. Sie ist auch aus dem Yoga bekannt, wo sie als „Hund, der nach unten schaut" bezeichnet wird. Die Frau beugt sich dabei mit dem Oberkörper nach vorne, sodass dieser die Form eines V bildet, während der Mann von hinten in sie eindringt und ihre Hüfte beidseitig umfasst.

Das Paar hat die Möglichkeit, diese Übung durchzuführen, ohne sich dabei zu bewegen. Es ist aber auch möglich, dass sich die Frau auf den Händen langsam vorwärtsbewegt, sodass der Eindruck entsteht, der Mann hinter ihr würde eine Schubkarre schieben. Es gibt Abwandlungen dieser Stellung im BDSM, wo es vor allem um „Dominanz" geht.

Diese Stellung ist für Paare geeignet, die sich Abwechslung vom Bett wünschen und auch sonst vielleicht ein wenig sportlicher sind. Besonders für die Partnerin ist „Die V-Frau" anstrengend, denn anfangs wird sie vielleicht Schwierigkeiten haben, sich auf den Sex zu konzentrieren. Aus diesem Grunde braucht es hierfür ein bisschen Übung.

VOLLTREFFER

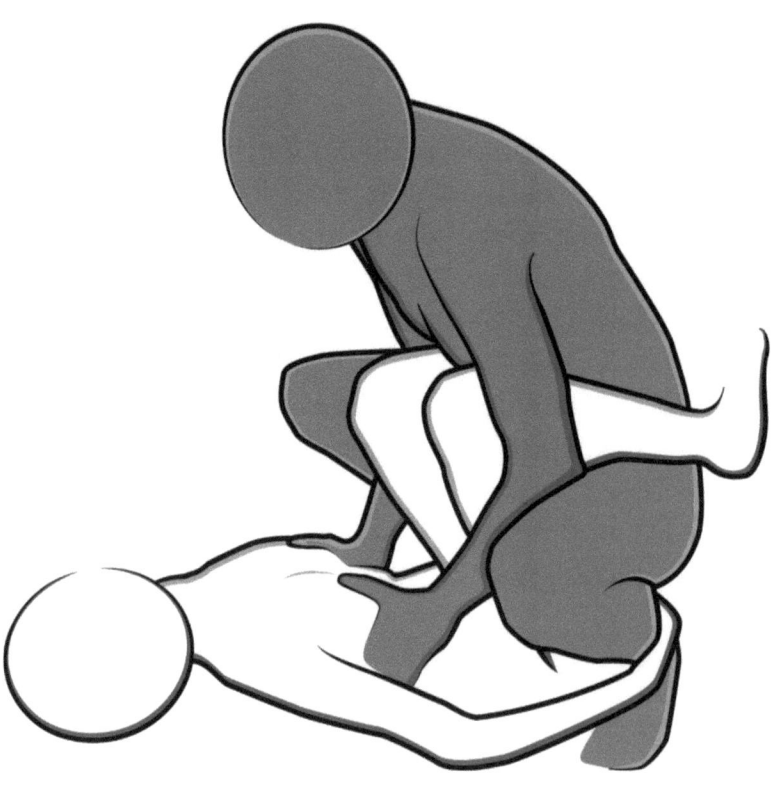

Bei dieser Stellung legt sich die Frau auf den Rücken und zieht ihre Knie nach hinten in Richtung Brust, wobei die Füße nach oben gestreckt werden. Ihr Partner kann nun kniend in sie eindringen. Die Stellung „Volltreffer" zeichnet sich dadurch aus, dass der Rhythmus der Penetration durch den Mann ein „federnder" ist, während die Frau Knie und Füße ebenfalls rhythmisch vor- und zurückbewegt.

Ein Vorteil dieser Stellung besteht darin, dass die Partnerin ihre Hände frei und die Gelegenheit hat, ihrem Partner die Hoden zu streicheln. Oder aber sie hält sich nur an den unteren Waden des Mannes fest. Der Mann umfasst während des Sex-Spiels den Oberkörper seiner Partnerin auf Brusthöhe oder aber liebkost beim Eindringen in die Vagina ihre Brustwarzen. Mann und Frau schauen sich bei „Volltreffer" an, was die sexuelle Erregung nur noch mehr steigert.

DER FALSCHE MISSIONAR

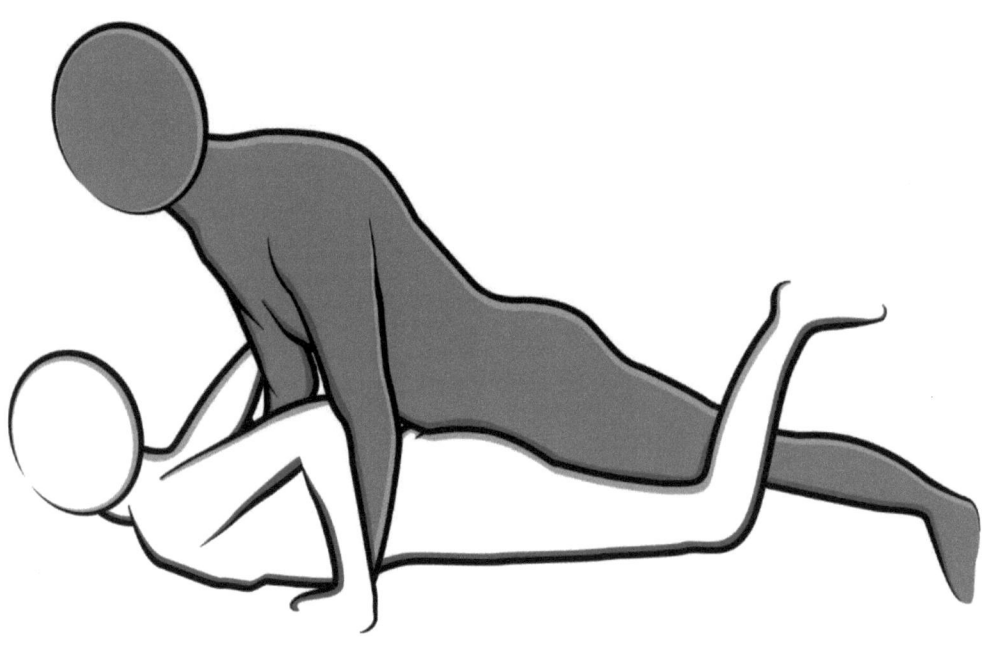

Bei dieser Stellung liegt die Frau auf den Bauch, während sich ihr Partner auf ihren Rücken legt. Sie winkelt ihre Arme zum Abstützen an. Er stützt sich mit den Händen neben ihr ab, damit nicht sein gesamtes Körpergewicht auf ihr lasten muss. Dann dringt sein Penis von hinten in sie ein.

Wer intimen Hautkontakt von hinten will, wählt diese Stellung „Der falsche Missionar". Da weder Mann noch Frau die Hände frei haben, liegt der Fokus ganz auf dem Unterleibsbereich und dem Eindringen des Penis von hinten. Viele Männer empfinden diese Stellung als sehr angenehm und beruhigend, da sie mit ihrem Bauch den wohlgeformten Po der Partnerin ganz eng an ihrem Körper spüren können.

AUF EINEN BLICK
DEINE KAMASUTRA-STELLUNGEN
DER STUFE 1

Zur Erinnerung: Um Zusatz- bzw. Extrapunkte zu verdienen, müssen die nachfolgenden Fragen beantwortet werden:

1. ***Habt ihr diese Sex-Stellung außerhalb eurer eigenen Wohnung umgesetzt?***
   Wenn ja, dann könnt ihr euch 5 Extrapunkte geben.

2. ***Wie viele Orgasmen hattet ihr zusammen?***
   Je Orgasmus könnt ihr euch 5 Extrapunkte geben.

3. ***Habt ihr die Sex-Stellung länger als 5 Minuten am Stück umgesetzt?***
   Wenn ja, dann könnt ihr euch 5 Extrapunkte geben.

4. ***Habt ihr es geschafft, gleichzeitig einen Orgasmus zu haben?***
   Wenn ja, dann könnt ihr euch 50 Extrapunkte geben.

5. **Habt ihr neben dieser Sex-Stellung (z. B. eine Stellung der Stufe 1) noch zwei weitere Stellungen (der Stufen 2 und 3) in einer Session geschafft?** Wenn ja, dann könnt ihr euch 50 Extrapunkte geben. Die Umsetzung von zwei weiteren Stellungen aus den anderen Stufen ist also Voraussetzung für die Extrapunkte. Allerdings müsst ihr dazu erst die Stufe „Kamasutra für Neulinge" absolviert haben.

1. FREIFAHRT INS PARKHAUS

Erreichte Punktzahl	Extrapunkte Frage 1	Extrapunkte Frage 2	Extrapunkte Frage 3	Extrapunkte Frage 4	Extrapunkte Frage 5	**Gesamt**

2. AUF SCHAMHAARES BREITE

Erreichte Punktzahl	Extrapunkte Frage 1	Extrapunkte Frage 2	Extrapunkte Frage 3	Extrapunkte Frage 4	Extrapunkte Frage 5	**Gesamt**

3. LUST AUF KNAST

Erreichte Punktzahl	Extrapunkte Frage 1	Extrapunkte Frage 2	Extrapunkte Frage 3	Extrapunkte Frage 4	Extrapunkte Frage 5	**Gesamt**

4. DEN MACHO ZÄHMEN

Erreichte Punktzahl	Extrapunkte Frage 1	Extrapunkte Frage 2	Extrapunkte Frage 3	Extrapunkte Frage 4	Extrapunkte Frage 5	**Gesamt**

5. DER SEX-BIKER

Erreichte Punktzahl	Extrapunkte Frage 1	Extrapunkte Frage 2	Extrapunkte Frage 3	Extrapunkte Frage 4	Extrapunkte Frage 5	**Gesamt**

6. GOLDSTÄNDER

Erreichte Punktzahl	Extrapunkte Frage 1	Extrapunkte Frage 2	Extrapunkte Frage 3	Extrapunkte Frage 4	Extrapunkte Frage 5	**Gesamt**

7. DIE VORSTANDSSITZUNG

Erreichte Punktzahl	Extrapunkte Frage 1	Extrapunkte Frage 2	Extrapunkte Frage 3	Extrapunkte Frage 4	Extrapunkte Frage 5	**Gesamt**

8. DAS SCHAFFT KEIN HUND

Erreichte Punktzahl	Extrapunkte Frage 1	Extrapunkte Frage 2	Extrapunkte Frage 3	Extrapunkte Frage 4	Extrapunkte Frage 5	**Gesamt**

9. VON WEGEN STINKLANGWEILIG

Erreichte Punktzahl	Extrapunkte Frage 1	Extrapunkte Frage 2	Extrapunkte Frage 3	Extrapunkte Frage 4	Extrapunkte Frage 5	Gesamt

10. MACH MICH RICHTIG GEIL!

Erreichte Punktzahl	Extrapunkte Frage 1	Extrapunkte Frage 2	Extrapunkte Frage 3	Extrapunkte Frage 4	Extrapunkte Frage 5	Gesamt

11. DER PO-KLATSCHER

Erreichte Punktzahl	Extrapunkte Frage 1	Extrapunkte Frage 2	Extrapunkte Frage 3	Extrapunkte Frage 4	Extrapunkte Frage 5	Gesamt

12. DER PO-GRABSCHER

Erreichte Punktzahl	Extrapunkte Frage 1	Extrapunkte Frage 2	Extrapunkte Frage 3	Extrapunkte Frage 4	Extrapunkte Frage 5	**Gesamt**

13. SICHER IST SICHER

Erreichte Punktzahl	Extrapunkte Frage 1	Extrapunkte Frage 2	Extrapunkte Frage 3	Extrapunkte Frage 4	Extrapunkte Frage 5	**Gesamt**

14. DIE SEX-DOHLE

Erreichte Punktzahl	Extrapunkte Frage 1	Extrapunkte Frage 2	Extrapunkte Frage 3	Extrapunkte Frage 4	Extrapunkte Frage 5	**Gesamt**

15. DIE RUMPELKISTE

Erreichte Punktzahl	Extrapunkte Frage 1	Extrapunkte Frage 2	Extrapunkte Frage 3	Extrapunkte Frage 4	Extrapunkte Frage 5	**Gesamt**

16. DER SCHERENSTECHER

Erreichte Punktzahl	Extrapunkte Frage 1	Extrapunkte Frage 2	Extrapunkte Frage 3	Extrapunkte Frage 4	Extrapunkte Frage 5	**Gesamt**

17. RITT AUF DEM VULKAN

Erreichte Punktzahl	Extrapunkte Frage 1	Extrapunkte Frage 2	Extrapunkte Frage 3	Extrapunkte Frage 4	Extrapunkte Frage 5	**Gesamt**

18. DIE V-FRAU

Erreichte Punktzahl	Extrapunkte Frage 1	Extrapunkte Frage 2	Extrapunkte Frage 3	Extrapunkte Frage 4	Extrapunkte Frage 5	Gesamt

19. VOLLTREFFER

Erreichte Punktzahl	Extrapunkte Frage 1	Extrapunkte Frage 2	Extrapunkte Frage 3	Extrapunkte Frage 4	Extrapunkte Frage 5	Gesamt

20. DER FALSCHE MISSIONAR

Erreichte Punktzahl	Extrapunkte Frage 1	Extrapunkte Frage 2	Extrapunkte Frage 3	Extrapunkte Frage 4	Extrapunkte Frage 5	Gesamt

4.2
Schwierigkeitsstufe 2:

„KAMASUTRA-PROFIS"

Stellung 1:

FAULER SACK

Bei dieser Stellung legt sich der Mann auf den Rücken und entspannt sich. Seine Beine sind dabei ausgestreckt. Die Frau setzt sich so rittlings auf den Schoss des Partners, dass sie ihm den Rücken zudreht. Sie nimmt mit anderen Worten die Position eines klassischen Schneidersitzes ein. Dann umfasst ihr Partner ihre Oberschenkel je nach Vorliebe sanft oder etwas fester mit beiden Händen und lässt seinen Penis in ihre Vagina eindringen. Während der Mann den bezaubernden Anblick ihres Rückens genießt, kann er die Hüften seiner Partnerin mit seinen Händen etwas drehen bzw. zusätzlich zum Rhythmus des Aktes hin- und herbewegen.

Der Vorteil für den Mann besteht darin, dass er seine luststeigernden Stoßbewegungen sehr gut regulieren kann, d. h., in ihrer Intensität auch einmal nachlassen kann, um dann wieder zu Höchstleistungen zu kommen. Da die Frau im Schneidersitz beide Hände frei hat, kann sie ihren Partner gleichzeitig mit zärtlichen Streicheleinheiten weiter stimulieren und verwöhnen. Oder aber sie stützt sich ebenfalls entspannt auf seinen Unterschenkeln ab und genießt den „Faulen Sack". Die Vorteile für den Mann liegen auf der Hand: Er kann sich entspannen, ist körperlich nicht weiter gefordert, hat es bequem und ist dennoch derjenige, der den Ton angibt und das Tempo des Sex-Spiels bestimmt.

Ein weiterer Vorteil für die Partnerin besteht auch in dem sogenannten „Fantasie-Faktor", d. h., da sie ihren Partner nicht sehen kann, ist sie voll auf ihre Vorstellungskraft angewiesen. Sie bleibt einerseits passiv, andererseits aber, was ihre Fantasie betrifft, ist sie aktiv. Denn sie kann nie genau wissen, was er als Nächstes tut. Lässt er nach, werden die Stoßbewegungen heftiger oder aber beginnt er zwischenzeitlich sogar damit, ihren Rücken zu streicheln und zu liebkosen?

Die Stellung „Fauler Sack" eignet sich als zweite Übung nach einem Warm-up, wie z. B. der klassischen Missionarsstellung, da sie für einen veränderten Blickwinkel sorgt und Abwechslung in den Sex bringt.

GEILER SPRINGBOCK

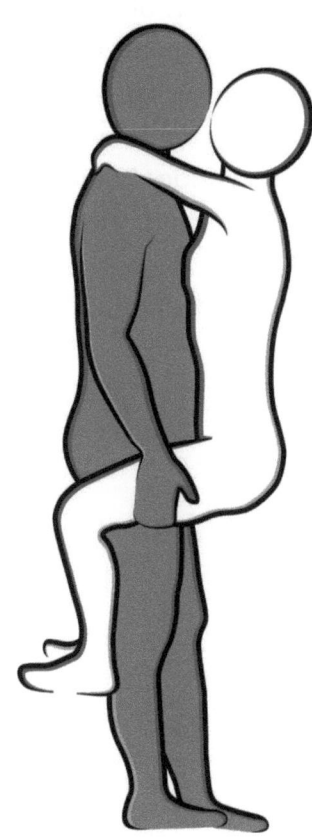

Bei dieser Stellung stellt sich der Mann aufrecht hin. Er steht entweder frei oder lehnt sich dabei gegen eine Wand. Die Partnerin „springt" den Mann an, während sie ihm ihre Arme um den Hals legt und er ihre Beine auf Höhe der Oberschenkel ergreift und festhält. In dieser Position kann er dann die Partnerin penetrieren. Mann und Frau können sich bei der Stellung „Geiler Springbock" tief in die Augen sehen, sich küssen und sich zärtliche Dinge zuflüstern.

Diese Stellung ist in der „freistehenden Variante" allerdings nur für stärkere Männer geeignet, die in der Lage sind, ihre Partnerin zu heben und in der Schwebe haltend zu penetrieren. Körperlich weniger muskulöse Männer können sich beim Sex an eine Wand lehnen. Dennoch aber sollte die Frau bei beiden Varianten nicht allzu schwer sein.

Stellung 3:

SCHWÄNZCHEN IN DIE HÖH

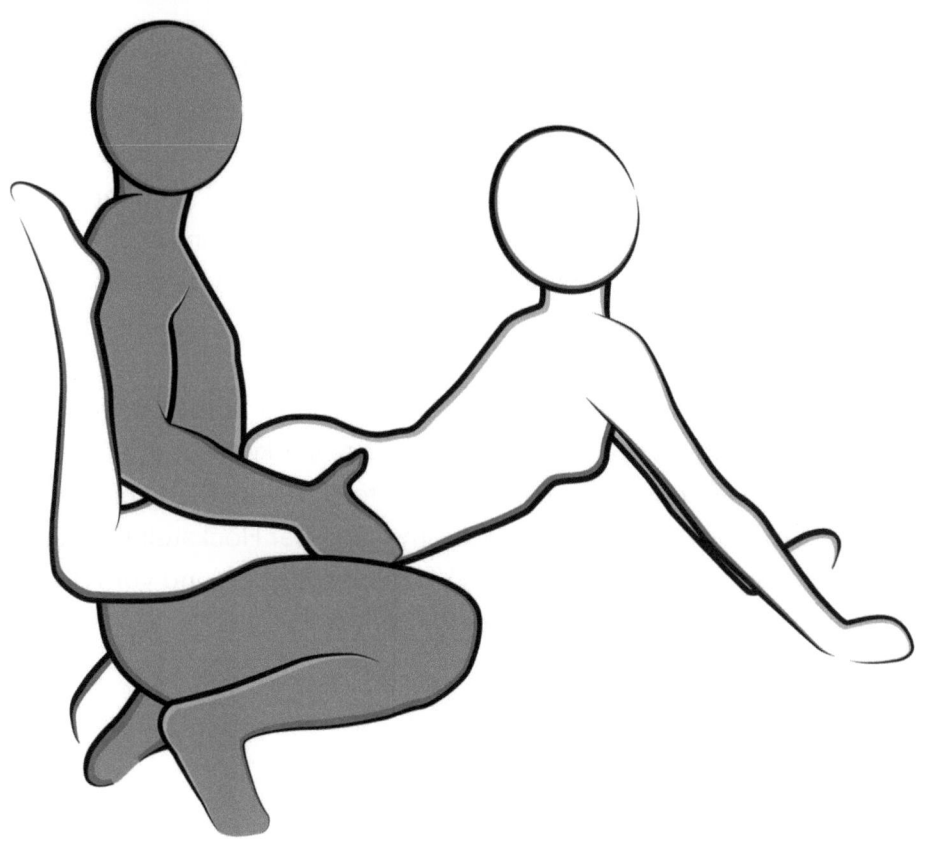

Die Partnerin nimmt auf dem Bett oder auf einer Sex-Matte auf dem Boden die Position des Vierfüßlerstandes ein, während der Mann hinter ihr in die Hocke geht und in sie eindringt.

Diese Stellung ähnelt der sogenannten „Schubkarre", nur dass sie im Liegen durchgeführt wird. Hockend hält der Mann seine Partnerin mit beiden Händen an den Hüften bzw. im Bauchbereich fest, wobei die Frau ein Bein nach oben anwinkelt und ihre Ferse so den Rücken bzw. die hintere Schulterpartie des Partners berührt. Mit jeder Stoßbewegung seines Penis kann sie dann mit ihrer Ferse leicht gegen seinen Rücken tippen, um somit ihren gemeinsamen Sex-Rhythmus zu unterstützen.

Da bei dieser Übung beide Partner alle Hände voll zu tun haben, d. h., keine Hand frei ist, um den Partner zu streicheln und zu liebkosen, geht es hierbei in erster Linie um die Penetration. Diese Übung fordert vom Mann einige Fitness ab, denn er verbleibt während des Aktes immer in der Hockstellung hinter der Frau, die sich dagegen in ihrer stabilen Vierfüßlerposition und vom Partner an den Hüften gehalten ganz ihrer Lust hingeben kann.

WAS DU SCHON IMMER ÜBER STÜHLE WISSEN WOLLTEST

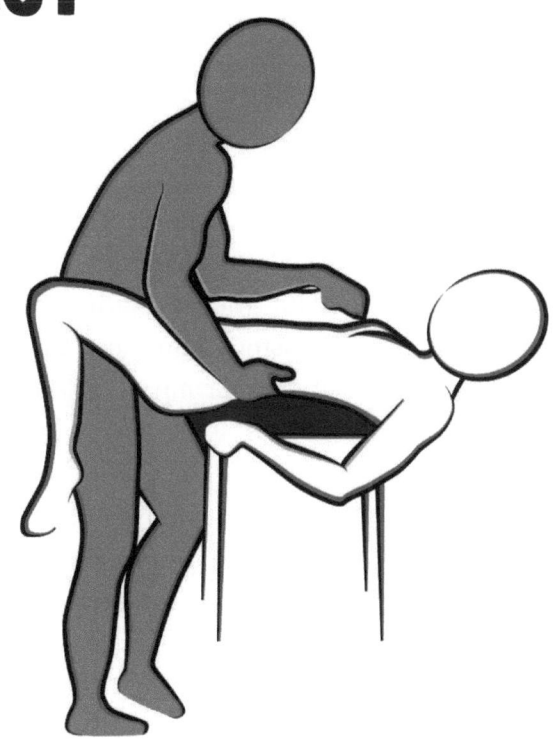

Hierbei legt sich die Partnerin mit dem Rücken auf einen Stuhl, der gut gepolstert sein sollte. Alternativ lässt sich diese Stellung auch an einer Bettkante oder einem Tisch durchführen. Während die Frau mit dem Rücken auf dem Stuhl in der Schwebe liegt, d. h., ihre Beine vom Boden hebt, dringt der Mann vor ihr stehend mit seinem Penis in sie ein. Dabei greift eine seiner Hände unter ihren Rücken, die andere Hand liebkost derweil ihre Brustwarzen oder streichelt ihren Oberkörper.

Besonders der G-Punkt kommt bei dieser Stellung zu lustvoller Geltung. Auch die weibliche Klitoris wird hierbei besonders stark stimuliert.

Der Vorteil für den Mann besteht darin, dass er das Spiel bestimmt und durch seine Stoßbewegungen vorgibt, wie intensiv der Akt ausgeführt wird. Eine Kuschelstellung ist dies nicht, dafür aber ist sie für Männer geeignet, die im Liegen nicht so schnell zum Orgasmus kommen. Da sich der Partner nicht abstützen muss, bringt diese Übung für ihn auch keine weitere körperliche Anstrengung.

Außerdem hat das Paar mit „Was du schon immer über Stühle wissen wolltest" die Option, öfter den Ort des Geschehens zu wechseln und auf Entdeckungstouren zu gehen. Wenn auch nicht immer gut gepolstert, aber Stühle gibt es nahezu überall. Darum ist diese Stellung auch für spontane Sex-Spiele „zwischendurch" geeignet.

Stellung 5:
BANKGESCHÄFTE

Bei dieser Stellung setzen sich beide Partner einander zugewandt auf eine Bank. Der Mann stellt seine Füße auf den Boden, während die Frau ihre Beine über die Schenkel des Partners legt, bzw. sich vorwärts auf seinen Schoss setzt und ihre Beine gespreizt hält.

Entweder befinden sich die Beine der Partnerin in der Schwebe, oder aber sie berühren leicht den Boden, sodass sie sich abstützen und das Tempo des Spiels mitbestimmen kann. In inniger Umarmung und mit zugewandten Gesichtern kann sich das Lustspiel nun frei entfalten. Der Mann kann dabei die Brüste seiner Partnerin küssen und liebkosen, während ihre Arme seinen Oberkörper umschlingen und seinen Rücken oder Nacken streicheln. Natürlich kann sich das Paar auch zärtliche oder schlüpfrige Dinge ins Ohr flüstern.

Diese Stellung gehört zu den intimsten, die es gibt, da ein extrem enger Körperkontakt während des gesamten Sex-Spiels gewährleistet ist. Sofern die Füße der Partnerin den Boden berühren, kann sie durch Auf- und Abwärtsbewegungen zudem vorgeben, wie tief der Penis des Mannes in ihre Vagina eindringt. Sie hat aber auch die Möglichkeit, zusätzlich knisternde Sex-Spannung ins Spiel zu bringen, und zwar, indem sie ihre Hüften abwechselnd schnell hin- und herbewegt.

Da die Partnerin bei dieser Stellung ein wenig höher positioniert ist als der Mann, hat dieser den Vorteil, den gesamten Oberkörper seiner Partnerin vor sich im Blick zu haben. Er hat die Möglichkeit, zärtlich ihren Rücken und ihren Nacken zu streicheln und sie zu küssen. Er kann aber auch mit seinen Schenkeln ihre Hüften etwas anheben und damit den Eindringwinkel des Penis variieren. Diese Stellung ist für aktive Frauen und für Männer, die sich gerne einmal verwöhnen lassen wollen, besonders gut geeignet.

Stellung 6:
AUF DIE KNIE, MEIN SCHATZ!

Auch bei dieser Stellung der zweiten Schwierigkeitsstufe spielt ein Stuhl eine wichtige Rolle. Die Frau kniet sich hin, wobei sie sich auf einem gepolsterten Stuhl mit den Händen abstützt. Dann umfasst ihr Partner, der hinter ihr ebenfalls kniet, von hinten ein Bein, das er auf seiner Hüfte liegend nach hinten ausstreckt. Dabei dringt sein Penis in ihre Vagina. Während sich die Frau mit den Unterarmen auf dem Polster des Stuhls abstützen kann, sollte das Knie des Partners auch auf einem weichen Kissen ruhen. Da die Frau ihr Becken in der Schwebe hält, ist es der Mann, der bei der Stellung „Auf die Knie, mein Schatz!" die Zügel in der Hand hält und das Tempo des Spiels vorgibt.

WENN ER KOMMT, DANN SCHREIT ER

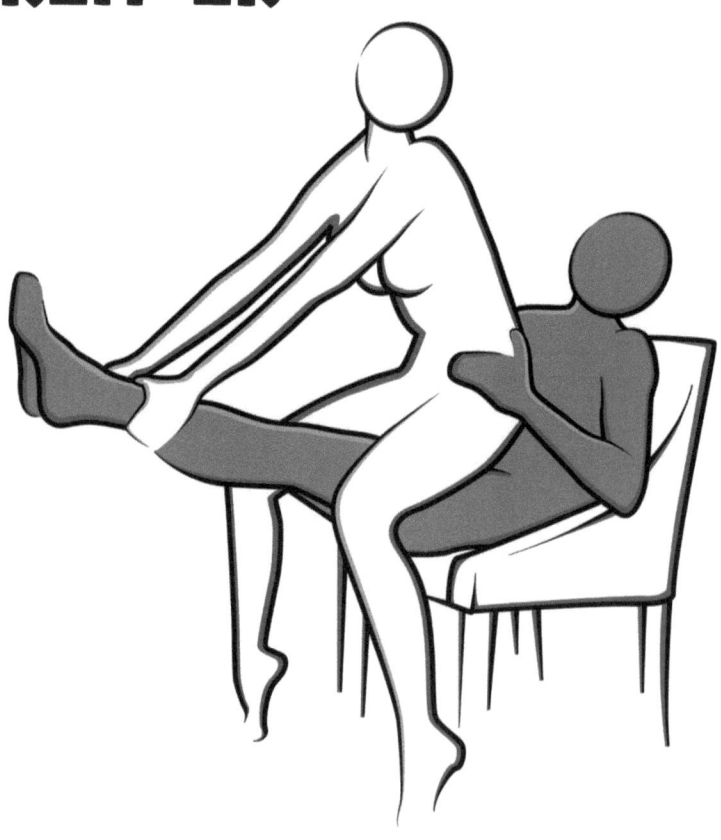

Bei dieser Stellung, die auch als „Cowgirl" bekannt ist, setzt sich der Mann auf einen gepolsterten Stuhl. Dann streckt er seine Beine vollständig aus, während sich seine Partnerin rittlings auf seinen Schoss setzt, dabei seine Beine auf Höhe der Unterschenkel ergreift und sie in der Luft hält.

Bei der Stellung „Wenn er kommt, dann schreit er" schauen sich die Partner nicht an, was für beide wieder den Fantasie-Faktor ins Spiel bringt. Da der Mann beide Hände frei hat, kann er Rücken und Nacken der Partnerin streicheln, aber auch ihre Brüste von hinten umfassen und liebkosen. Das steigert die Lust der Partnerin und bringt sie auch schneller zum Orgasmus. Oder aber er umgreift zärtlich nur ihre Hüften, lehnt sich entspannt nach hinten und lässt sich faulenzend durch das gemeinsame Sex-Spiel treiben. Allein der Blick auf ihren Körper und die Bewegungen ihres Beckens während der Penetration sind für viele Männer schon ausreichend, um einen wahren Hormonstrudel zu erleben.

Der Vorteil für die Frau besteht darin, dass sie das Tempo des Liebesaktes bestimmt und dabei ihr Becken hoch und runter bewegen kann. Sie hat aber auch die Option, ihre Hüften, die vom Mann von hinten umfasst werden, in Kreisen zu bewegen und dadurch die Eindringtiefe seines Penis zu variieren.

Die Stellung „Wenn er kommt, dann schreit er" hat den weiteren Vorteil, dass sie der Frau die Möglichkeit eröffnet, ihre Beckenbodenmuskulatur anzuspannen und den Partner damit umso mehr sexuell zu beglücken. Die Beckenbodenmuskeln werden dann angespannt, wenn die Frau sich derart auf ihren Partner setzt, dass Beine und Knie eng an seinen Beinen und Knien anliegen können. Dann gilt es nur noch, die Beine fest zusammenzupressen und dadurch die Reibung zwischen Klitoris und Penis zu verstärken. Je stärker diese Reibung ist, desto explosiver fällt auch der gemeinsame Orgasmus aus.

DER ZWEIER-BOB

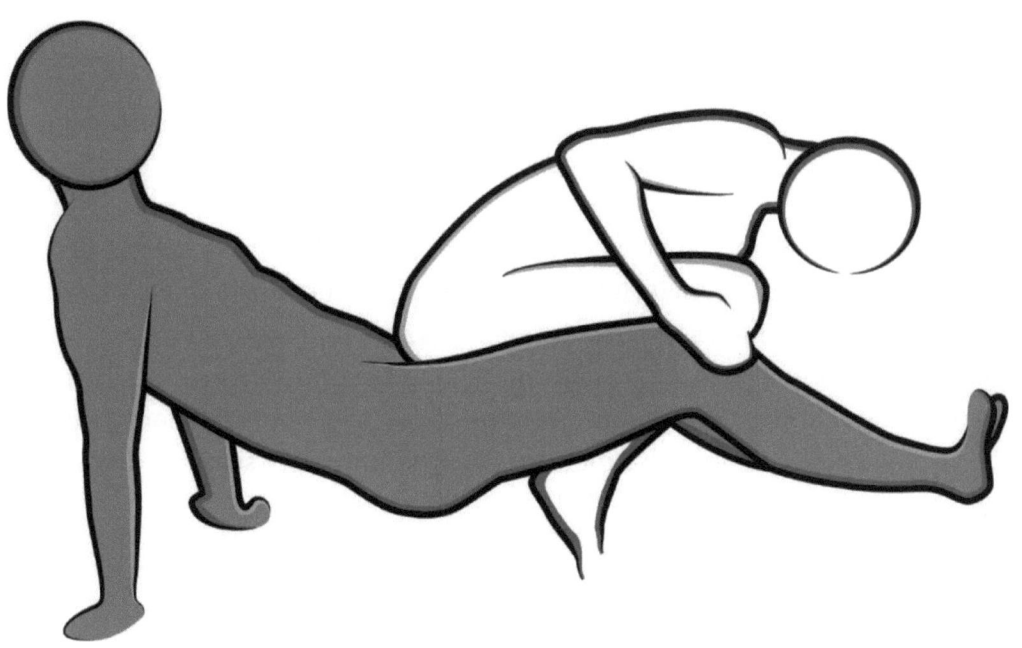

Hierbei legt sich der Partner auf dem Bett, auf einigen Kissen oder auf einer weichen Unterlage auf dem Boden auf den Rücken und stützt sich dann auf beiden Händen ab, wobei er seine Beine weit öffnet. Dann hockt sich die Frau rücklings auf seinen Schoss, sodass sein inzwischen erigierter Penis in ihre Vagina eindringen kann. Dabei hängt es von dem Lust- und Orgasmus-Empfinden des Paares ab, ob der Winkel zwischen Frau und Mann flach, mittel oder ganz steil ist.

Bei der Stellung „Zweier-Bob", mit dem das Paar eine echte „Sex-Abfahrt" hinlegen kann, hält eigentlich die Frau das Steuer in der Hand. Sie bestimmt Eindringtiefe des Penis und die Geschwindigkeit des Spiels.

Aber auch für Frauen, die Schwierigkeiten mit dem Orgasmus haben, hat der Zweier-Bob einen großen Vorteil: Sie können das Steuer an ihren Partner übergeben, d. h., sie können sich auf seinen Schoss setzen und einfach fallen lassen. Klitoris und G-Punkt werden bei dieser Stellung besonders stimuliert. Das Sex-Erlebnis kann aber noch einmal gesteigert werden, wenn die Partnerin ihre Beine um den Körper ihres Partners schlingt, wofür dieser sich allerdings flach auf den Rücken legen muss.

MANEGE FREI!

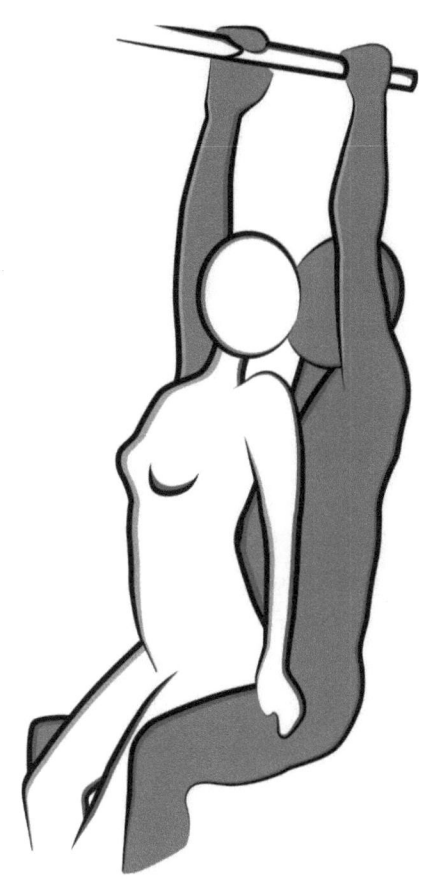

Diese Stellung fordert besonders dem Mann einige Akrobatik und körperliche Fitness ab und ist daher für „Kamasutra-Profis" sehr gut geeignet. Um sie durchzuführen, benötigt man eine Klimmzugstange oder eine vergleichbare massive Stange, die das Gewicht von Mann und Frau aushält. Der Mann hängt sich an eine solche Stange, während seine Partnerin ihren Körper zwischen seine Beine bzw. in seinen Schoss bringt und er so von hinten in sie eindringen kann.

Es ist möglich, dass der Mann seine Füße auf einer Ablage, einem stabilen Stuhl oder einem Hocker abstellt. Wichtig ist nur, dass das Ensemble durch die Stoßbewegungen des Partners nicht aus dem Gleichgewicht gebracht werden kann. Es ist daher anzuraten, die Stellung „Manege frei!" vorher einige Male auszuprobieren, damit sich das Paar beim „Auftritt" auch ganz auf das Wichtigste konzentrieren kann: den Sex.

Zur Sicherheit sollten weichen Decken oder Kissen auf dem Boden unter der Stange platziert werden. Der Vorteil für die Frau ist, dass sie sich zwischen den Oberschenkeln ihres Partners einfach nach hinten fallen lassen kann.

DER VERBOGENE LÖFFEL!

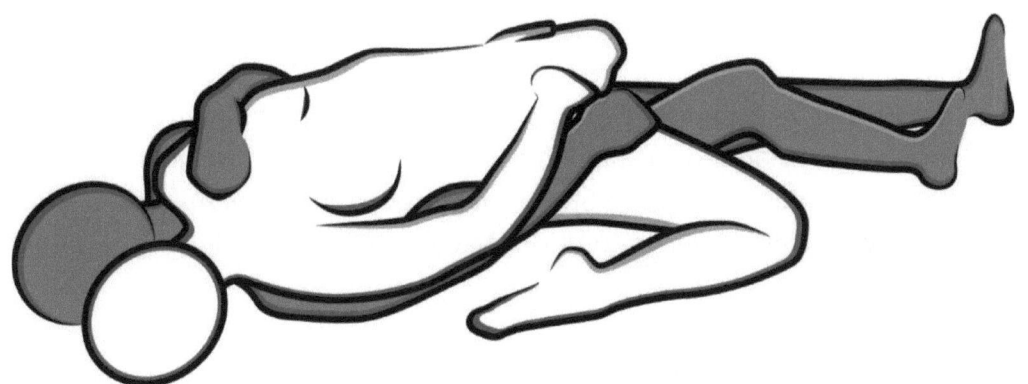

Bei dieser Stellung, die als eine Abwandlung der beliebten klassischen „Löffel-chen-Stellung" angesehen werden kann, legt sich der Mann auf eine weiche Unterlage oder auch im gemeinsamen Bett auf den Rücken, während sich seine Partnerin rücklings an ihn schmiegt. Dabei sollten ihre Beine gespreizt und angewinkelt sein, wodurch der Eindringwinkel des Penis verändert wird, was eine Variante zur „Löffelchen-Stellung" darstellt, bei der der Mann seitlich von hinten in die Frau eindringt.

Die Stellung „Der verbogene Löffel" bringt dem Paar den Vorteil des besonders engen Körperkontakts. Da der Mann beide Hände frei hat, kann er mit der einen Hand beispielsweise über den Körper der Frau greifen und ihre Klitoris streicheln und stimulieren, während seine andere Hand ihre Brüste lustvoll liebkost. Aber auch sie hat die Möglichkeit, die erogenen Zonen ihres Partners mit den Händen zu stimulieren. Wenn der Sex ein wenig wilder ausfallen soll, kann der Mann seine Stoßbewegungen durch das Aufstellen eines Beines unterstützen. Natürlich gibt der Mann bei dieser Stellung das Tempo des Geschlechtsverkehrs vor.

Egal welche Variante der Löffelchen-Stellung man wählt, sie eignet sich auf jeden Fall besonders für verkuschelten Sex am Morgen, wenn das Paar den Tag mit leidenschaftlichem Sex begrüßen will. Und sollte die Lust aufeinander gar überhandnehmen, besteht außerdem die Möglichkeit, von der Stellung „Der verbogene Löffel" in den klassischen Doggy-Style überzuwechseln.

Dafür dreht sich die Frau einfach zur Seite und geht in die Vierfüßlerstellung, während der Mann von hinten in sie eindringen kann.

Dieser Wechsel ist aber auch immer dann ideal, wenn der Mann z. B. auf dem Rücken liegend Probleme damit hat, seinen Penis in die Vagina einzuführen, und die Veränderung des Eindringwinkels auch keinen Erfolg bringt. Nicht selten muss die Partnerin nachhelfen oder ihn sogar mit einer Hand festhalten, damit er nicht rausrutscht.

Aber auch für Schwangere ist diese Stellung vorteilhaft, da der Babybauch beim Sex nicht weiter stört, wenn sie mit dem Rücken auf dem Partner liegt.

SCHERE FEUER SEX

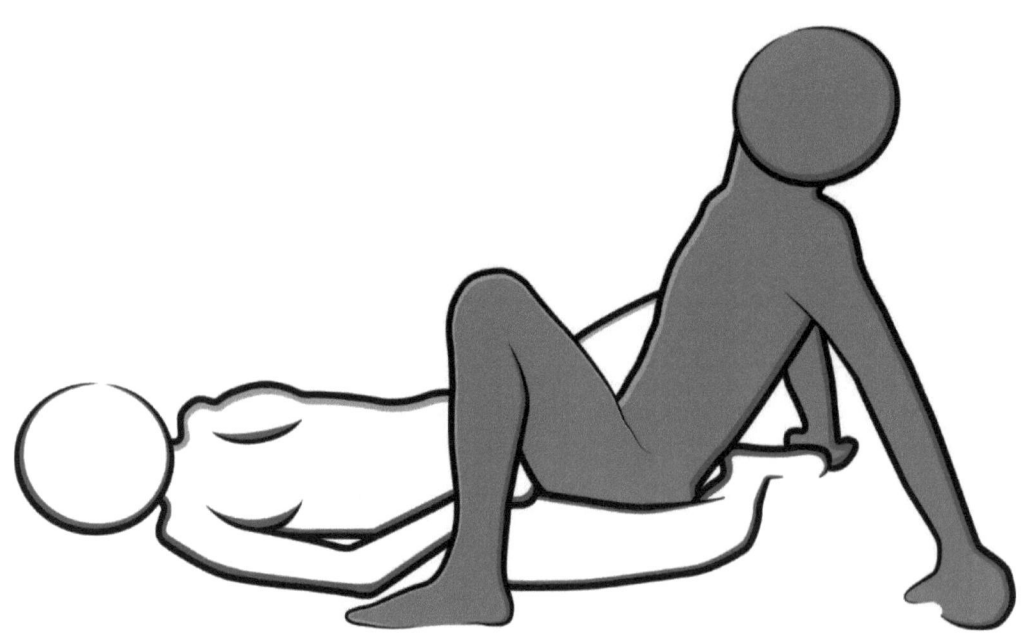

Bei dieser Stellung legt sich die Frau auf dem Bett oder einer weichen Unterlage auf den Rücken und dreht ihren Oberkörper zur Seite, während sie ihre Beine weit öffnet. Der Mann schiebt sich dann seitlich zwischen ihre Beine, wobei sein Oberkörper aufrecht bleibt und er sich mit seinen Händen hinter seinem Rücken abstützt. Dann dringt sein Penis in sie ein. Die Frau kann dabei ein Bein auf dem Po des Mannes ablegen.

Die Frau hat bei der Stellung „Schere Feuer Sex" den Vorteil, dass sie ihre Hände frei hat und z. B. den Hodensack ihres Partners während des Aktes streicheln kann. Damit sorgt sie für zusätzliches Feuer, was seine Lust und Leidenschaft angeht. Für beide Sex-Partner ist diese Stellung gleichermaßen entspannend, da die Frau auf dem Rücken liegen und der Mann sich abstützen kann. Sie ist auch für Männer geeignet, die im Liegen eher länger brauchen, um zu ihrem Orgasmus zu kommen.

PFERDCHEN LAUF GALOPP!

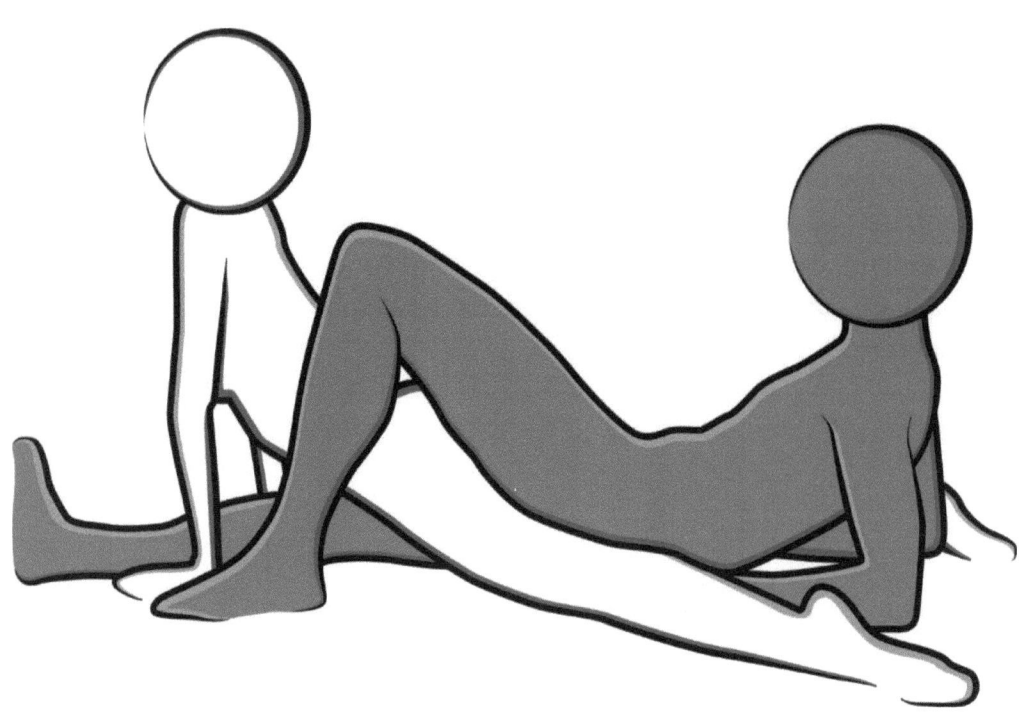

Hierbei liegt der Partner aufgerichtet im Bett oder auf einer Sex-Matte, wobei er sich nach hinten mit seinen Ellenbogen abstützt. Ein Bein ist angezogen. Die Partnerin liegt auf dem Bauch und mit ihrem Po zwischen seinen Beinen und stützt sich mit den Händen ab, sodass sie ihren Oberkörper ein wenig aufrichtet. Sie wendet ihrem Partner also den Rücken zu, während dieser von hinten in sie eindringen kann.

Bei dieser Stellung gibt der Mann das Tempo des Spiels vor. Beide Sex-Partner haben die Möglichkeit, durch Beckenbewegungen die Eindringtiefe und das Lustempfinden zu steigern. Da der Mann seine Partnerin von hinten sieht, kann er sich ganz auf ihren zauberhaft verführerischen Rücken konzentrieren, während sich die Frau ganz ihrer Fantasie hingeben kann.

Bei der Stellung „Pferdchen lauf Galopp!" liegt der Fokus auf der Penetration. Da sich beide mit den Händen abstützen müssen, können sie sich bei dieser Stellung weder streicheln noch küssen.

DAS NAGELBRETT

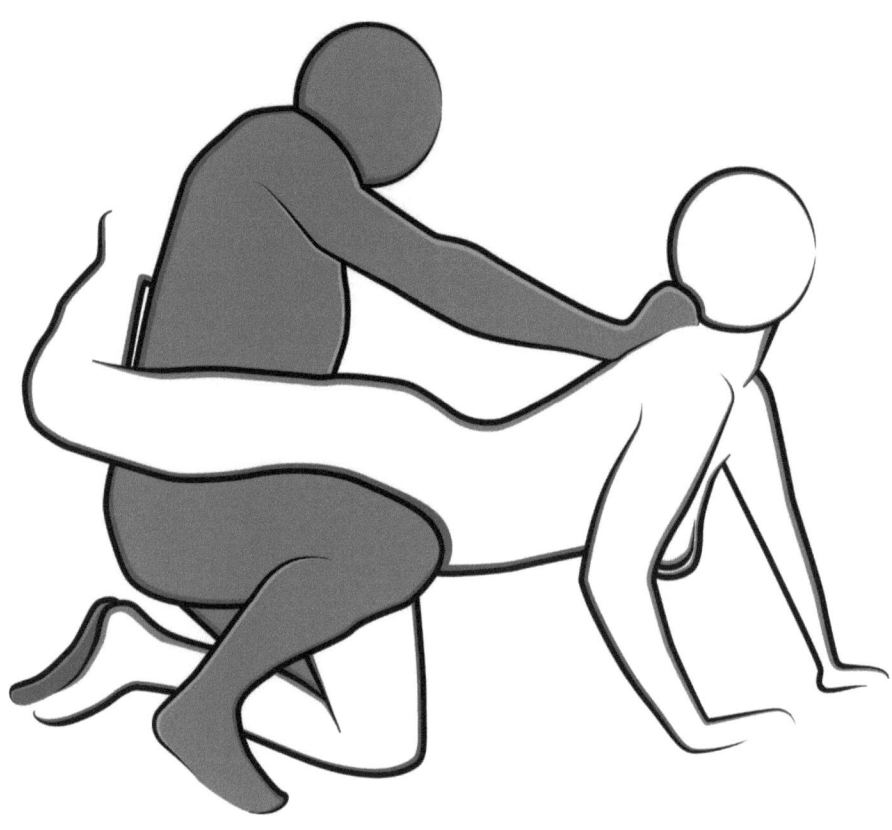

Bei dieser Stellung geht die Partnerin auf dem Bett oder auf einer weichen Unterlage auf dem Boden zuerst in den Vierfüßlerstand. Dann kniet sich ihr Partner auf nur einem Bein hinter sie und penetriert sie. Dabei hebt sie das Bein, auf dem sie nicht kniet, und schlingt es oberhalb seiner Schenkel um den Oberkörper des Mannes. Damit sie ihr Bein nicht in der Luft halten muss, dient ihr sein Unterschenkel als Ablage. Der Partner fährt mit jeder seiner Stoßbewegungen mit seiner Hand sanft über ihren Rücken bis hoch zum Nacken und wieder zurück.

Der Mann hat bei der Stellung „Das Nagelbrett" den Vorteil, das Tempo des Aktes vorzugeben. Die Frau hat die Möglichkeit, mit ihrem Fuß am Rücken des Mannes zärtlich entlangzufahren, um seine sexuelle Lust noch zu steigern. Diese Stellung eignet sich besonders für Männer, die gerne schnell zum Höhepunkt kommen wollen, da es sich um eine Variante des Doggy-Style handelt.

Die Massage vom Rücken und Nacken der Frau kann sanft, aber auch, je nach Lust und Leidenschaft, etwas härter ausfallen. Dadurch, dass der Mann seine Stellung hinter der Partnerin leicht variieren kann, lässt sich auch die Eindringtiefe seines Penis und die Intensität des Sex-Erlebnisses für beide während einer Session immer wieder verändern.

BLÜHENDE LUST

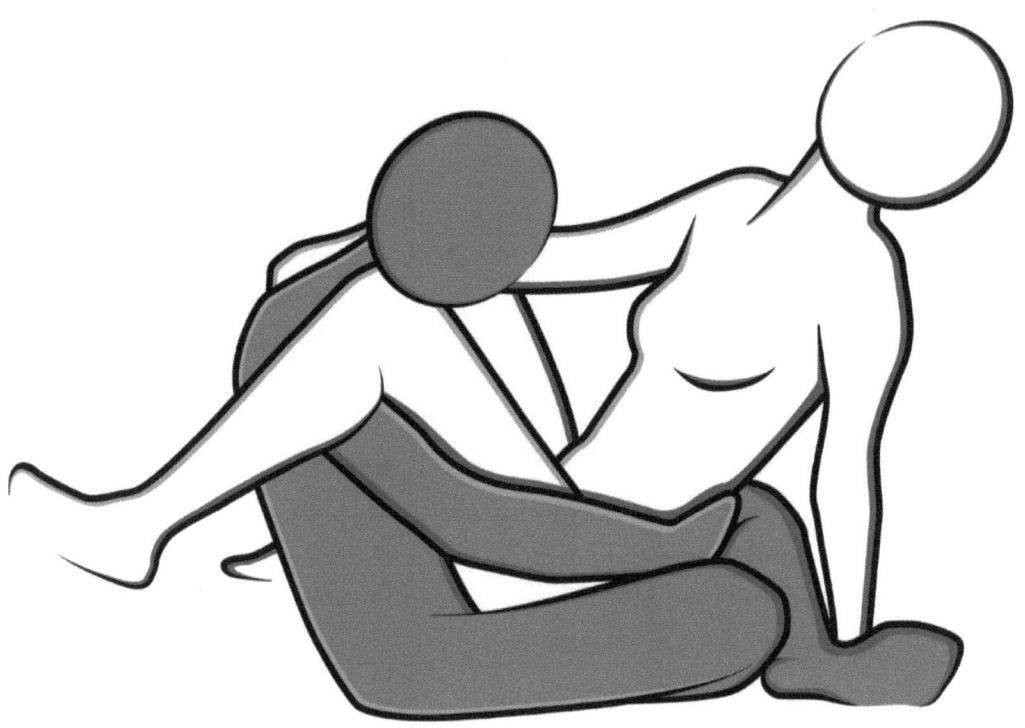

Diese Stellung gibt es in zwei Varianten, in einer leichten und in einer mit einem höheren Schwierigkeitsgrad. Hier handelt es sich um die zweite Variante:

Die Grundposition des Mannes ist der klassische Schneidersitz. Die Partnerin setzt sich so bei ihrem Partner in den Schoss, dass sie ihm direkt ins Gesicht schaut, während sie ihre Beine über die Schultern des Partners legt.

Bei der leichteren Variante setzt sich die Frau nur in seinen Schoss und geht damit ebenfalls in den Schneidersitz, sodass ihre Beine über den Beinen des Partners liegen. Diese Variante ist weniger anstrengend als die Profi-Variante, bei der der Mann während des Sex-Spiels das Gewicht der Beine auf seinen Schultern spürt und die Frau immer eine gewisse Spannung in ihren Beinen halten muss.

Bei der Stellung „Blühende Lust" kommen allerdings beide Sex-Partner voll auf ihre Kosten. Mann und Frau können sich tief in die Augen schauen, sich zärtliche Dinge zuflüstern und den Rücken des anderen liebkosen, während der Mann tief in die Partnerin eindringen kann. Das Besondere an dieser Stellung ist die extreme und darum romantische Nähe, die das Paar in ihrer Lust buchstäblich miteinander verschmelzen lässt.

Der Vorteil für die Frau ist, dass sie deutlich die Reibung des männlichen Schambeins an ihrer Klitoris spürt. Ein weiterer Vorteil für den Mann besteht darin, dass sich die Brüste seiner Partnerin auf Augenhöhe befinden, sodass er sie während des Aktes küssen kann. Ein überaus stimulierender Sex-Rhythmus ergibt sich dann, wenn beide Partner ihre Becken harmonisch kreisen lassen. Wen die fortgeschrittene Variante nicht zufriedenstellt, der kann jederzeit einen Stellungswechsel in die herkömmliche leichtere Position vornehmen oder aber wechseln, um dem Spiel ein wenig mehr Spannung zu geben.

Obwohl die „Blühende Lust" einfach aussieht, ist es nicht immer einfach für den Mann, zum Orgasmus zu kommen. Der Grund ist der Körperschwerpunkt im Schneidersitz, denn die Stoßbewegungen des Partners müssen leicht angewinkelt erfolgen. Anderenfalls kann es passieren, dass der Penis aus der Vagina rutscht, weshalb es manchmal hilfreich ist, wenn die Frau ihren Partner unterstützt, indem sie den Penis mit einer Hand in ihrem Körper hält.

DER HOCHSEIL-AKT

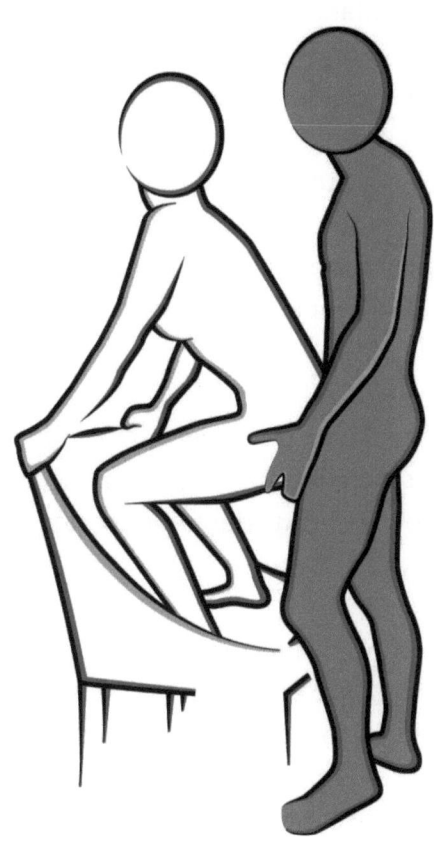

Bei dieser Stellung kommt wieder ein stabiler und bequemer Stuhl zum Einsatz, der über eine Rückenlehne verfügen muss. Die Partnerin nimmt auf dem Stuhl eine hockende Position ein, während sie sich mit beiden Händen an der Rückenlehne festhält. Der Mann steht hinter ihr, wobei seine Beine ein wenig gebeugt sein sollten. Dann dringt er von hinten in ihre Vagina ein und stützt gleichzeitig ihren Körper ab, indem er ihren Po umfasst.

Falls der Mann zu klein ist, um mit seinem Becken beim Stehen auf Po-Höhe zu kommen, können ein oder zwei Kissen Abhilfe schaffen. Wichtig ist nur, dass er ruhig und sicher stehen kann, da eine allzu unsichere Stehposition auch schnell die Hockstellung der Partnerin in Mitleidenschaft ziehen kann.

Da die Frau in der Hocke ist und sie dabei auf ihr Gleichgewicht achten muss, sollte der Mann nicht zu starke Stoßbewegungen machen. Dennoch aber kann bei der Stellung „Der Hochseil-Akt" der G-Punkt der Partnerin besonders gut stimuliert werden.

Manche Frauen haben beim Sex auf dem Stuhl Schwierigkeiten, zum Orgasmus zu kommen, weil sie sich nicht so entspannen können wie im Liegen. Es besteht bei dieser Stellung zudem eine gewisse Krampfgefahr für die Frau. Darum sollte sie am besten über eine gut ausgeprägte Oberschenkelmuskulatur verfügen, auch um beim leidenschaftlichen Akt das Herunterrutschen vom Stuhl zu verhindern. Für den Mann dagegen hat die Stellung „Der Hochseil-Akt" den Vorteil, dass der Orgasmus im Stehen für ihn oft leichter ist als im Liegen. Außerdem kann der Partner das Tempo des Sex-Spiels vorgeben.

AUF DIE PLÄTZE –
FERTIG – SEX!

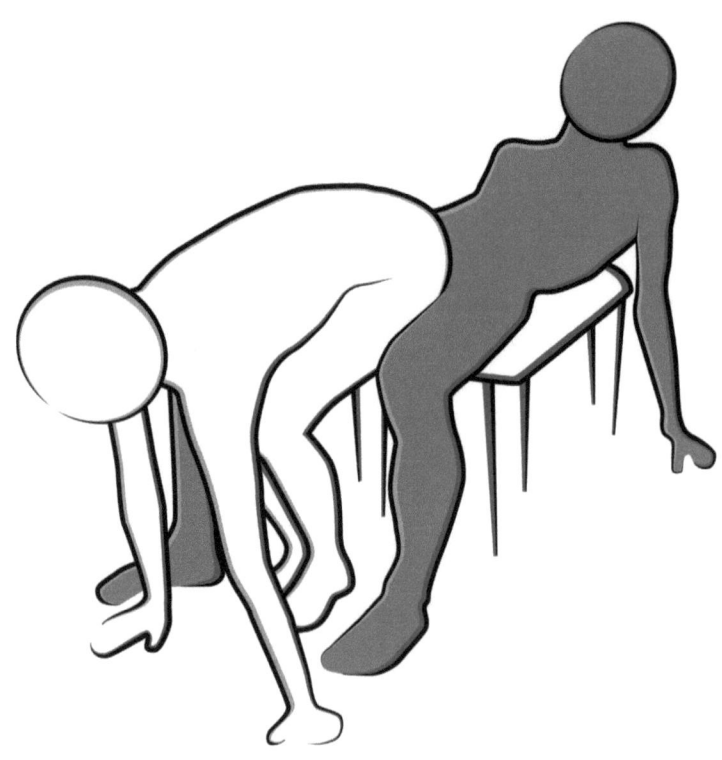

Bei dieser Stellung legt sich der Mann rücklings auf einen gepolsterten Stuhl ohne Lehne oder aber auf einen Hocker. Beide Füße stehen fest auf dem Boden, während er seine Knie gebeugt hält. Sie setzt sich so auf seinen Schoss, dass sie ihrem Partner den Rücken zuwendet. Dabei beugt sie sich so weit vor, dass sie ihre Hände auf dem Boden absetzen kann. Während sich der Mann hinter dem Stuhl oder Hocker mit seinen Händen abstützt, dringt er in die Frau ein.

Die Frau hat die Möglichkeit, durch Drehbewegungen ihres Beckens den Penis des Partners „zu bürsten" und ihn dadurch zu sexueller Hochleistung anzutreiben. Für die Frau bedeutet die Stellung „Auf die Plätze – fertig – Sex!" aber eine gewisse Akrobatik, muss sie doch während des gesamten Sex-Spiels in dieser hockenden Stellung verharren. Nur ihr Becken kann sie dabei bewegen.

Da beide Partner alle Hände voll zu tun haben, gibt es bei dieser Stellung keine intimen Streicheleinheiten. Der Fokus liegt auf der Penetration, wobei der Mann den Vorteil hat, während des Aktes den betörenden Rücken seiner Partnerin im Blick zu haben.

Stellung 17:
DIE BOHRINSEL

Bei dieser Stellung legt sich die Partnerin ins Bett und nimmt die Rückenlage ein. Dann zieht sie ihre Knie nah an ihren Brustkorb heran, während sich der Mann vor sie hockt und ihr dabei seinen Rücken zuwendet. Mit seinen Händen stützt er sich zwischen seinen Füßen auf dem Bett ab. Die Frau hat inzwischen mit einer Hand sein Bein auf Wadenhöhe ergriffen, während sie mit der anderen Hand leidenschaftlich seinen Rücken streichelt.

Die Stellung „Die Bohrinsel" kann für den Mann besonders anstrengend sein, da er während des gesamten Sex-Spiels vor der Frau hocken muss. Er sieht seine Partnerin nicht und kann sich ganz seiner Fantasie hingeben und daran denken, was sie wohl gerade hinter ihm tut.

Der Vorteil für die Frau ist, dass sie die Intensität des Aktes vorgeben und mit ihren Händen an Wade und Rücken des Mannes gewissermaßen von hinten lenken kann. Sollte das Paar diese Stellung auf dem Boden durchführen, kann die Frau ihren Kopf optional auf einem Kissen ablegen.

KNÜPPELDICK

Hierbei legt sich der Partner mit Kopf und Schultern auf einen Stuhl, während sein Becken auf einem Hocker ruht. Seine Beine winkelt er an, sodass sich die Partnerin zwischen diesen positionieren kann. Dann kann der Mann von hinten anal in die vor ihm stehende Frau eindringen. Sie geht dabei leicht in die Beuge, bzw. setzt sie ihren Po ebenfalls teilweise auf dem Hocker ab.

Eine Variante der Stellung „Knüppeldick" besteht darin, anstatt Stuhl und Hocker einen Tisch zu verwenden, auf den sich der Mann so legt, dass sein Rücken vollständig auf diesem ruht. Dabei ist darauf zu achten, dass das Becken am Rand des Tisches platziert ist, damit sich die Frau mit ihrem Po auf die Tischkante setzen und der Mann anal in sie eindringen kann.

Bei beiden Varianten ergreift die Partnerin Füße und Unterschenkel des Partners und nutzt diese als Steuerknüppel für die gemeinsame Fahrt ins Lustparadies. Sie bestimmt damit das Tempo des Spiels und die Eindringtiefe des Penis, während er mit seinen Händen zärtlich Oberschenkel und Hüfte der Frau streichelt.

TREFFER VERSENKT!

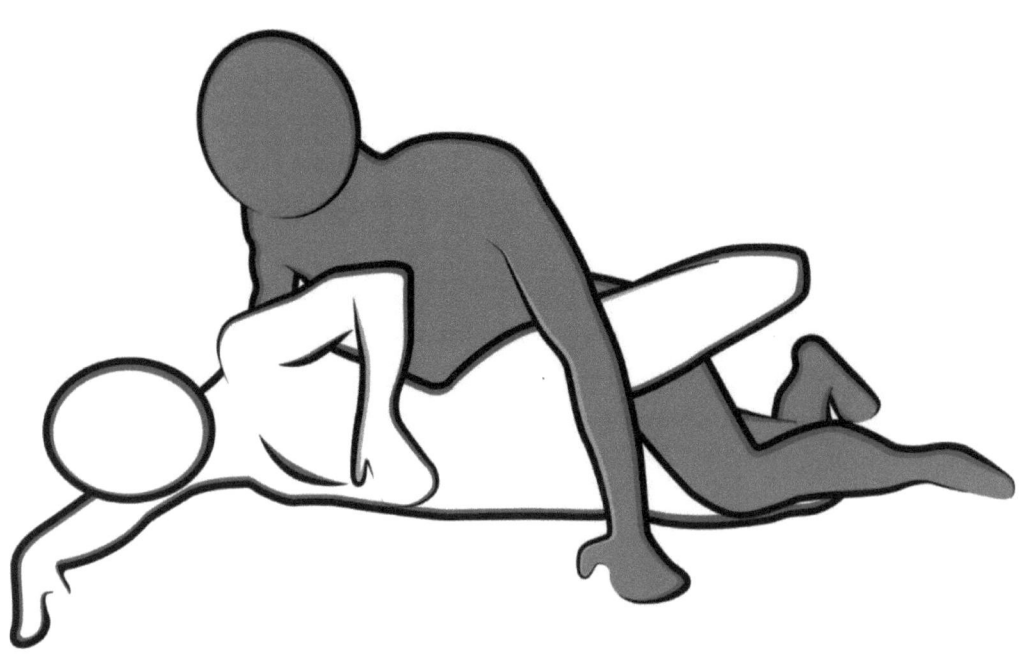

Bei dieser Stellung, die man auch als „Schere" bezeichnet, legt sich die Partnerin mit geöffneten Beinen auf die Seite. Der Partner nun schiebt sich dazwischen, wobei er seinen Oberkörper aufrecht hält. Dann dringt der Mann in ihre Vagina ein, während die Frau ein Bein auf der Hüfte bzw. dem Po des Mannes ablegt. Das andere Bein liegt unter den Beinen des Partners.

Während der Mann sich beidhändig abstützen muss, hat die Frau beide Hände frei und kann während des Aktes z. B. selbst an den Brüsten spielen oder aber ihre Klitoris stimulieren. Da sich beide Sex-Partner mit geöffneten Beinen so ineinander verschränken, dass die Genitalbereiche direkt aufeinanderliegen, spricht man bei dieser Stellung auch von „Reibung".

Der Vorteil der Stellung „Treffer versenkt!" besteht darin, dass es dem Mann überlassen bleibt, ob er mit seinem Penis in die Partnerin eindringt oder ob er diesen nur an der Klitoris reibt, um die sexuelle Lust der Frau zu steigern. Die Frau, deren Körper etwas zur Seite gedreht ist, ist der passive Part, während der Mann das Steuerrad in der Hand hält.

Viele Paare nutzen diese Stellung gerne als Vorspiel vor dem eigentlichen Geschlechtsverkehr mit Penetration. Bei der Stellung „Treffer versenkt!" wird das Spiel in erster Linie über die Hüft- und Beinarbeit der beiden Partner gelenkt, was abwechselnd geschehen kann. Der Mann kann außerdem ganz nach Lust entscheiden, ob er das Bein, das sich zwischen den Schenkeln der Partnerin befindet, leicht anzieht oder aber beide Beine flach auf das Bett oder die Unterlage legt.

Stellung 20:
DAS LUST-RODEO

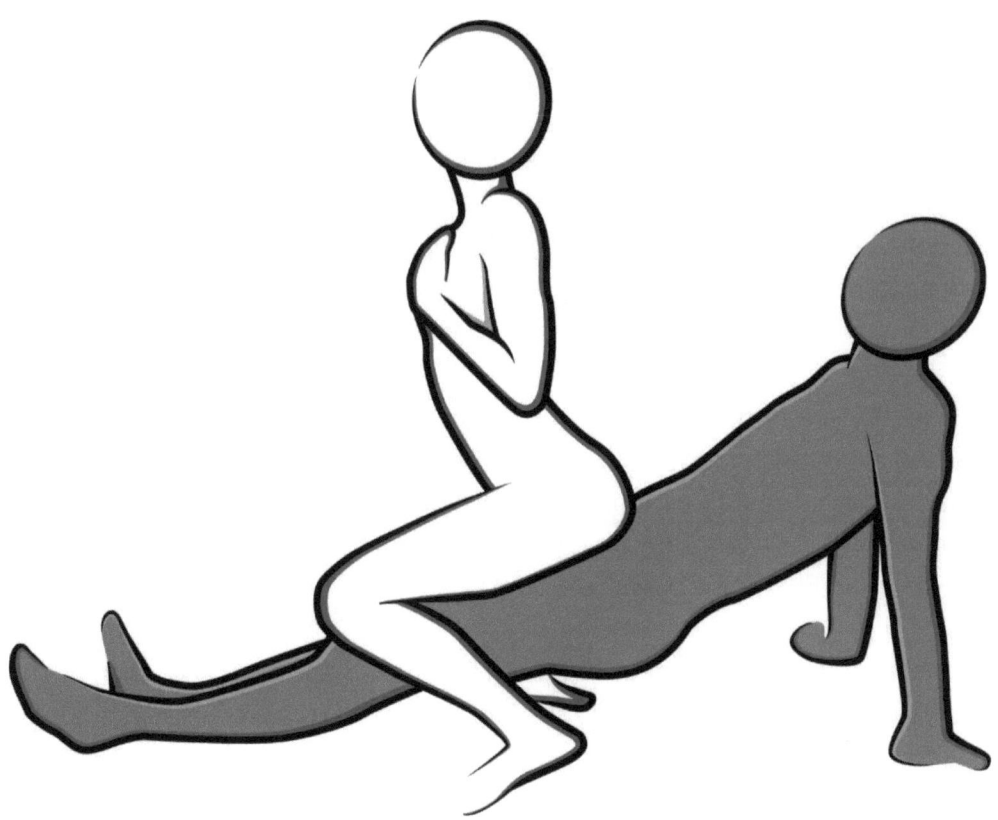

Hierbei geht der Mann auf dem Bett oder einer weichen Unterlage auf dem Boden in die Rückenlage, wobei er sich mit beiden Händen nach hinten abstützt. Sein Becken hebt er an, sodass sich die Frau auf seinen Schoss hocken kann, damit sein Penis direkt in sie eindringen kann. Da sie beide Hände frei hat, kann sie sich selbst nach Belieben streicheln. Der Mann kann sich derweil am bezaubernden Rücken seiner Partnerin erfreuen.

Natürlich hat sie die Möglichkeit, die Lust des Partners unter und hinter ihr durch zusätzliche Streicheleinheiten zu steigern. Der Eindringwinkel des Penis bei der Stellung „Das Lust-Rodeo" ist für die Stimulation des G-Punktes der Frau bestens geeignet. Außerdem kann der Mann ganz besonders tief in seine Partnerin eindringen, während sie den „Fantasie-Faktor" voll auskostet.

Der Vorteil für den Mann besteht darin, dass diese Stellung eine ideale Mischung darstellt: Zum einen kann er bequem auf dem Rücken liegen und sich von der Frau auf seinem Schoss bis zum Orgasmus verwöhnen lassen; zu anderen gibt er das Tempo vor, da er das Becken seiner Partnerin in dem gewünschten Rhythmus bewegen kann.

Die Stellung „Das Lust-Rodeo" eignet sich ganz besonders für Männer, die nur einen kleinen Penis haben, da sie die Möglichkeit haben, in dieser Position tief einzudringen.

Wer die Rollen tauschen will, kann dies tun, indem die Frau den aktiven Part übernimmt und mit ihren Beckenbewegungen das Tempo angibt. Auch kann sie die Oberschenkel des Partners ergreifen und dem Mann die Geschwindigkeit signalisieren. Aber auch durch das abwechselnde Aufrichten des Oberkörpers kann die Frau die Eindringtiefe des Penis und die Intensität des Aktes immer wieder nach Wunsch variieren.

AUF EINEN BLICK
DEINE KAMASUTRA-STELLUNGEN
DER STUFE 2

Zur Erinnerung: Um Zusatz- bzw. Extrapunkte zu verdienen, müssen die nachfolgenden Fragen beantwortet werden:

1. *Habt ihr diese Sex-Stellung außerhalb eurer eigenen Wohnung umgesetzt?*
   Wenn ja, dann könnt ihr euch 5 Extrapunkte geben.

2. *Wie viele Orgasmen hattet ihr zusammen?*
   Je Orgasmus könnt ihr euch 5 Extrapunkte geben.

3. *Habt ihr die Sex-Stellung länger als 5 Minuten am Stück umgesetzt?*
   Wenn ja, dann könnt ihr euch 5 Extrapunkte geben.

4. *Habt ihr es geschafft, gleichzeitig einen Orgasmus zu haben?*
   Wenn ja, dann könnt ihr euch 50 Extrapunkte geben.

5. *Habt ihr neben dieser Sex-Stellung (z. B. eine Stellung der Stufe 1)*
   noch zwei weitere Stellungen (der Stufen 2 und 3) in einer Session
   geschafft?
   Wenn ja, dann könnt ihr euch 50 Extrapunkte geben. Die Umsetzung von
   zwei weiteren Stellungen aus den anderen Stufen ist also Voraussetzung
   für die Extrapunkte. Allerdings müsst ihr dazu erst die Stufe „Kamasutra für
   Neulinge" absolviert haben.

1. FAULER SACK

Erreichte Punktzahl	Extrapunkte Frage 1	Extrapunkte Frage 2	Extrapunkte Frage 3	Extrapunkte Frage 4	Extrapunkte Frage 5	**Gesamt**

2. GEILER SPRINGBOCK

Erreichte Punktzahl	Extrapunkte Frage 1	Extrapunkte Frage 2	Extrapunkte Frage 3	Extrapunkte Frage 4	Extrapunkte Frage 5	**Gesamt**

3. SCHWÄNZCHEN IN DIE HÖH

Erreichte Punktzahl	Extrapunkte Frage 1	Extrapunkte Frage 2	Extrapunkte Frage 3	Extrapunkte Frage 4	Extrapunkte Frage 5	**Gesamt**

4. WAS DU SCHON IMMER ÜBER STÜHLE WISSEN WOLLTEST

Erreichte Punktzahl	Extrapunkte Frage 1	Extrapunkte Frage 2	Extrapunkte Frage 3	Extrapunkte Frage 4	Extrapunkte Frage 5	**Gesamt**

5. BANKGESCHÄFTE

Erreichte Punktzahl	Extrapunkte Frage 1	Extrapunkte Frage 2	Extrapunkte Frage 3	Extrapunkte Frage 4	Extrapunkte Frage 5	**Gesamt**

6. AUF DIE KNIE, MEIN SCHATZ!

Erreichte Punktzahl	Extrapunkte Frage 1	Extrapunkte Frage 2	Extrapunkte Frage 3	Extrapunkte Frage 4	Extrapunkte Frage 5	**Gesamt**

7. WENN ER KOMMT, DANN SCHREIT ER

Erreichte Punktzahl	Extrapunkte Frage 1	Extrapunkte Frage 2	Extrapunkte Frage 3	Extrapunkte Frage 4	Extrapunkte Frage 5	**Gesamt**

8. DER ZWEIER-BOB

Erreichte Punktzahl	Extrapunkte Frage 1	Extrapunkte Frage 2	Extrapunkte Frage 3	Extrapunkte Frage 4	Extrapunkte Frage 5	**Gesamt**

9. MANEGE FREI!

Erreichte Punktzahl	Extrapunkte Frage 1	Extrapunkte Frage 2	Extrapunkte Frage 3	Extrapunkte Frage 4	Extrapunkte Frage 5	**Gesamt**

10. DER VERBOGENE LÖFFEL!

Erreichte Punktzahl	Extrapunkte Frage 1	Extrapunkte Frage 2	Extrapunkte Frage 3	Extrapunkte Frage 4	Extrapunkte Frage 5	**Gesamt**

11. SCHERE FEUER SEX

Erreichte Punktzahl	Extrapunkte Frage 1	Extrapunkte Frage 2	Extrapunkte Frage 3	Extrapunkte Frage 4	Extrapunkte Frage 5	**Gesamt**

12. PFERDCHEN LAUF GALOPP!

Erreichte Punktzahl	Extrapunkte Frage 1	Extrapunkte Frage 2	Extrapunkte Frage 3	Extrapunkte Frage 4	Extrapunkte Frage 5	**Gesamt**

13. DAS NAGELBRETT

Erreichte Punktzahl	Extrapunkte Frage 1	Extrapunkte Frage 2	Extrapunkte Frage 3	Extrapunkte Frage 4	Extrapunkte Frage 5	**Gesamt**

14. BLÜHENDE LUST

Erreichte Punktzahl	Extrapunkte Frage 1	Extrapunkte Frage 2	Extrapunkte Frage 3	Extrapunkte Frage 4	Extrapunkte Frage 5	**Gesamt**

15. DER HOCHSEIL-AKT

Erreichte Punktzahl	Extrapunkte Frage 1	Extrapunkte Frage 2	Extrapunkte Frage 3	Extrapunkte Frage 4	Extrapunkte Frage 5	Gesamt

16. AUF DIE PLÄTZE - FERTIG - SEX!

Erreichte Punktzahl	Extrapunkte Frage 1	Extrapunkte Frage 2	Extrapunkte Frage 3	Extrapunkte Frage 4	Extrapunkte Frage 5	Gesamt

17. DIE BOHRINSEL

Erreichte Punktzahl	Extrapunkte Frage 1	Extrapunkte Frage 2	Extrapunkte Frage 3	Extrapunkte Frage 4	Extrapunkte Frage 5	Gesamt

18. KNÜPPELDICK

Erreichte Punktzahl	Extrapunkte Frage 1	Extrapunkte Frage 2	Extrapunkte Frage 3	Extrapunkte Frage 4	Extrapunkte Frage 5	Gesamt

19. TREFFER VERSENKT!

Erreichte Punktzahl	Extrapunkte Frage 1	Extrapunkte Frage 2	Extrapunkte Frage 3	Extrapunkte Frage 4	Extrapunkte Frage 5	Gesamt

20. DAS LUST-RODEO

Erreichte Punktzahl	Extrapunkte Frage 1	Extrapunkte Frage 2	Extrapunkte Frage 3	Extrapunkte Frage 4	Extrapunkte Frage 5	Gesamt

„KAMASUTRA-GÖTTER"

DIE ZERREIßPROBE

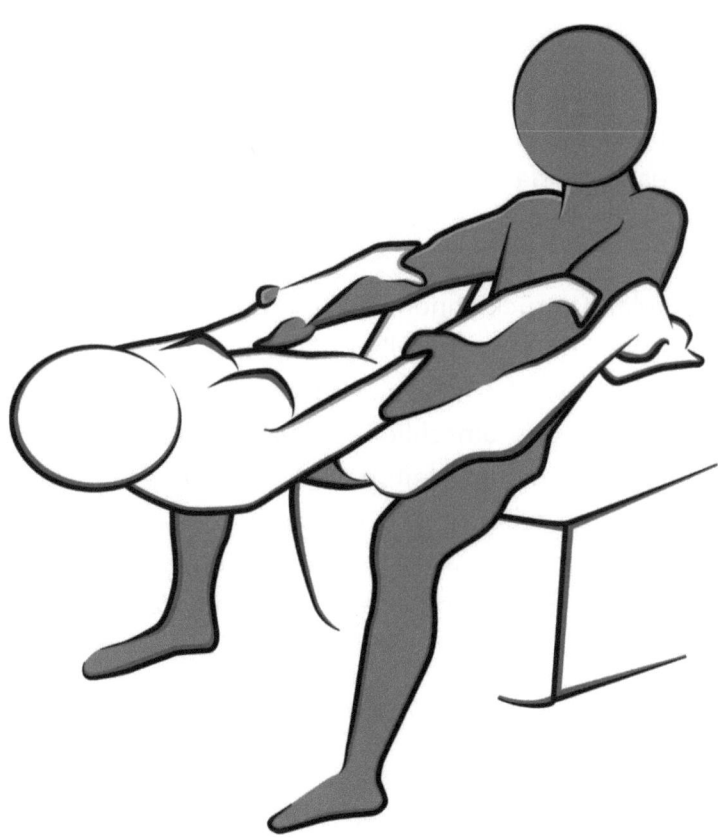

Bei dieser Stellung, die den mittlerweile zu Kamasutra-Göttern aufgestiegenen Sex-Partnern einiges an Akrobatik und körperlicher Fitness abverlangt, setzt sich der Mann auf einen gepolsterten Stuhl und lehnt sich dann weit zurück.

Aufgepasst! Nicht jeder Stuhl eignet sich dafür, und der Partner kann dabei leicht das Gleichgewicht verlieren und mit dem Stuhl nach vorne überkippen. Außerdem gilt es noch, das Körpergewicht der Partnerin abzuschätzen, welches der Mann bei der Stellung „Die Zerreißprobe" festhalten muss.

Konnte sich der Mann zurücklehnen und seine Beine zudem in einem rechten Winkel fest auf dem Boden aufstellen, lässt sich die Partnerin auf seinem Schoss so nieder, dass sie ihren Partner anschaut. Während ihre Beine seinen Körper etwa auf Hüfthöhe umschließen, lässt sie auf seinem Penis sitzend ihren Oberkörper nach hinten gleiten. Der Mann dringt in sie ein, während sie sich also nach hinten beugt und von ihm an ihren Armen festgehalten wird. In dieser Stellung kann das Paar nun nach Lust und Laune hin und her wippen. Eine gewisse Schwierigkeit besteht darin, das Wippen der beiden Körper abzustimmen, auch damit der Penis nicht aus der Vagina rutschen kann.

Da beide Partner alle Hände voll zu tun haben, bietet sich bei der Stellung „Die Zerreißprobe" nicht die Gelegenheit für den Austausch weiterer

Intimitäten. Alles ist auf die rhythmische Bewegung der Körper ausgelegt. Bei diesem Sex-Spiel wird der G-Punkt der Frau durch die teilweise kräftigen Penis-Bewegungen des Mannes in ihrer Vagina besonders stimuliert.

DIE EINARMIGE BANDITIN

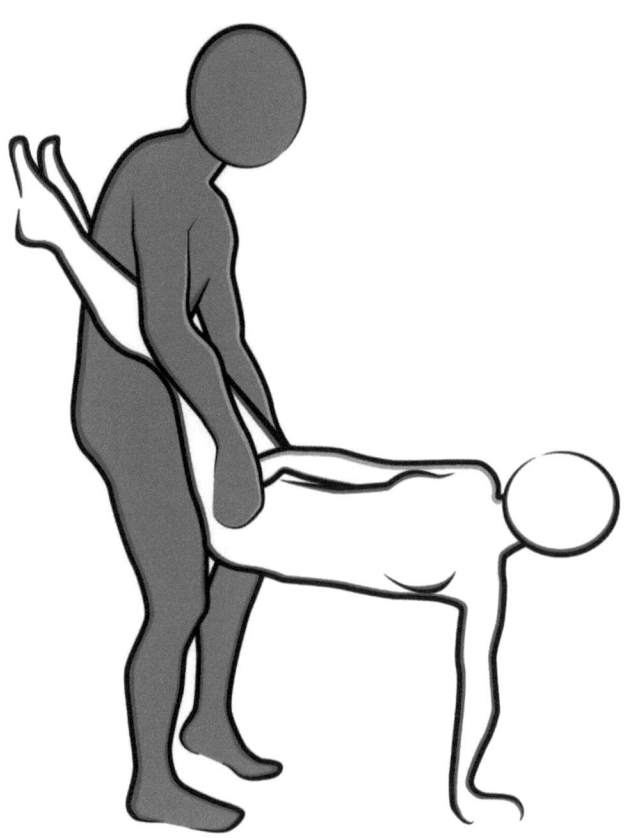

Hierbei legt sich die Frau zuerst auf eine weiche Unterlage auf dem Boden. Dann tritt der Mann an sie heran und nimmt ihren Körper an den Beinen hoch, wobei die Füße der Partnerin über seine Schultern reichen sollten. Mit einer kräftigen, aber geschickten Bewegung lässt der Mann dann die Beine der Frau an seinem Körper etwas hinuntergleiten, sodass sich in der Schlussposition ihr Becken im Schossbereich des stehenden Mannes befindet und ihre Beine auf Wadenhöhe eng an seinem Oberkörper anliegen. Während das Paar so in Position geht, um mit dem eigentlichen Akt zu beginnen, stützt sich die Frau mit einem gestreckten Arm auf dem Boden ab. Dabei stimuliert sie mit ihrem anderen Arm bzw. mit ihrer anderen Hand ihre Klitoris. Der Mann ist im Stand in sie eingedrungen, wobei er mit beiden Händen ihre Hüften gut festhält. Da sich die Frau mit einem Arm auf dem Boden abstützt, ist sie derweil bereits in eine leichte Seitenlage gegangen.

Bei der Stellung „Die einarmige Banditin" ist es natürlich der Mann, der das Tempo bestimmt und die Eindringtiefe seines Penis regelt. Der Mann hat die Möglichkeit, den Beckenhalt der Frau durch das Anwinkeln eines seiner Beine zusätzlich zu unterstützen. Diese Stellung ist für Männer zu empfehlen, die schnell zum Höhepunkt kommen können.

BEUGEHAFT MAL ANDERS

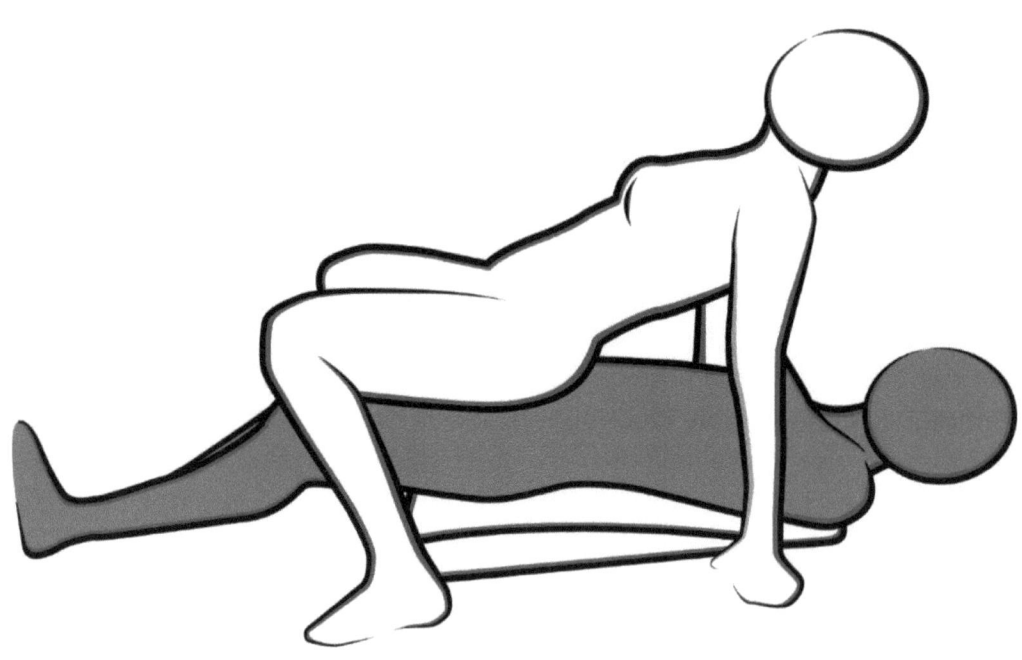

Bei dieser Stellung legt sich der Mann mit dem Rücken auf ein weiches Kissen oder eine Matte auf dem Boden. Die Frau setzt sich mit angewinkelten Beinen auf seinen Schoss, sodass sein Penis von hinten in sie eindringen kann. Dabei beugt sie ihren Oberkörper nach hinten und stützt sich mit beiden Händen auf dem Boden neben dem Partner ab.

Der Vorteil für den Mann bei der Stellung „Beugehaft mal anders" besteht darin, dass er beide Hände frei hat. Da sich der Rücken seiner Partnerin genau vor ihm befindet, kann er diesen lustvoll streicheln. Die Frau kann bei diesem Spiel das Tempo nicht mitbestimmen, welches durch die Stoßbewegungen des Mannes vorgegeben wird. Auch die Eindringtiefe des Penis kann er variieren, indem er sein Becken und auch seinen Rücken nach Belieben anhebt oder nicht. Während diese Stellung für den Mann relativ entspannend ist, sollte die Frau über eine gewisse körperliche Fitness verfügen, denn sie muss ihren Rücken während des Aktes unter Spannung gebeugt nach hinten halten.

IN DEN SEXTEN STOCK, BITTE!

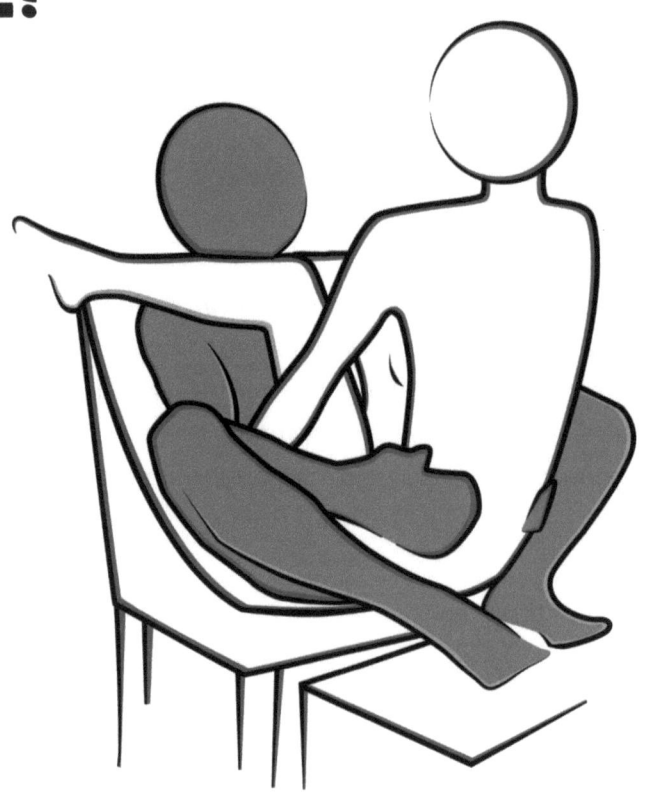

Auch hierbei spielen wieder Stuhl und Hocker eine wichtige Rolle. Der Mann setzt sich in einen gepolsterten Stuhl und stellt seine Beine angewinkelt auf einen Hocker, der vor ihm platziert wurde. Seine Beine spreizt er dabei, sodass seine Partnerin es sich auf seinem Schoss gemütlich machen kann. Sie setzt sich auf seinen erigierten Penis, der in sie eindringen kann, und legt ihre Beine über seine Schultern. So können beide innig miteinander verschmelzen und sich dem Sex-Spiel hingeben. Der Mann umgreift dabei die Hüften der Partnerin, während diese ihn mit ihren Händen am Oberkörper streicheln kann.

Da der Mann bei der Stellung „In den sexten Stock, bitte!" nur relativ wenig Platz für seine Stoßbewegungen hat und auch eine entsprechende Körperspannung nur bedingt aufgebaut werden kann, ist sie für Männer geeignet, die keine Schwierigkeiten mit dem Orgasmus haben. Bei dieser Stellung wird dem G-Punkt der Frau wieder besondere Aufmerksamkeit geschenkt. Die Eindringtiefe des Penis kann variiert werden, wenn der Mann seine Sitzposition und die seines Beckens im Stuhl verändert, indem er beispielsweise nach hinten oder nach vorne rutscht. Die Frau, die sich mit ihren Händen auch an den Hüften des Mannes festhalten kann, bleibt bei dieser Stellung passiv.

DIE UMGEDREHTE SCHUBKARRE

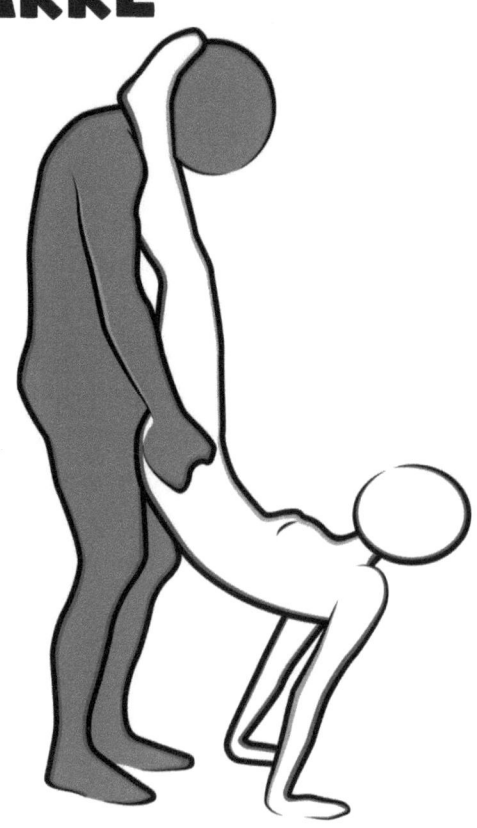

Während sich bei der bekannten Kamasutra-Stellung „Die Schubkarre" die Sex-Partner nicht anschauen können, ist das bei dieser Stellung anders.

Die Frau geht dabei in die Ausgangsstellung einer umgedrehten Schubkarre, d. h., sie nimmt zuerst einen umgedrehten Vierfüßlerstand ein, indem sie sich rücklings auf allen vieren abstützt und den Mann, der vor ihr steht, anschaut. Dieser ergreift dann ihren Körper auf Hüfthöhe und hebt ihre Beine über seine Schultern, während sie sich nach hinten mit den Händen auf dem Boden abstützt.

Obwohl es für die Partnerin eine recht anstrengende Stellung ist, da sie sich während des Aktes abstützen muss und auch der Mann das Gewicht der Frau auf Höhe seines Penis ruhig halten muss, ist dieses Sex-Spiel dennoch für Kamasutra-Paare geeignet, die Lust auf Abwechslung haben und Sex im Stehen dem Sex im Liegen vorziehen.

Der Vorteil für den Mann besteht darin, dass er die Partnerin stehend penetrieren kann, wodurch er schneller zum Orgasmus kommen kann. Außerdem kann er die Intensität seiner Stoßbewegungen variieren.

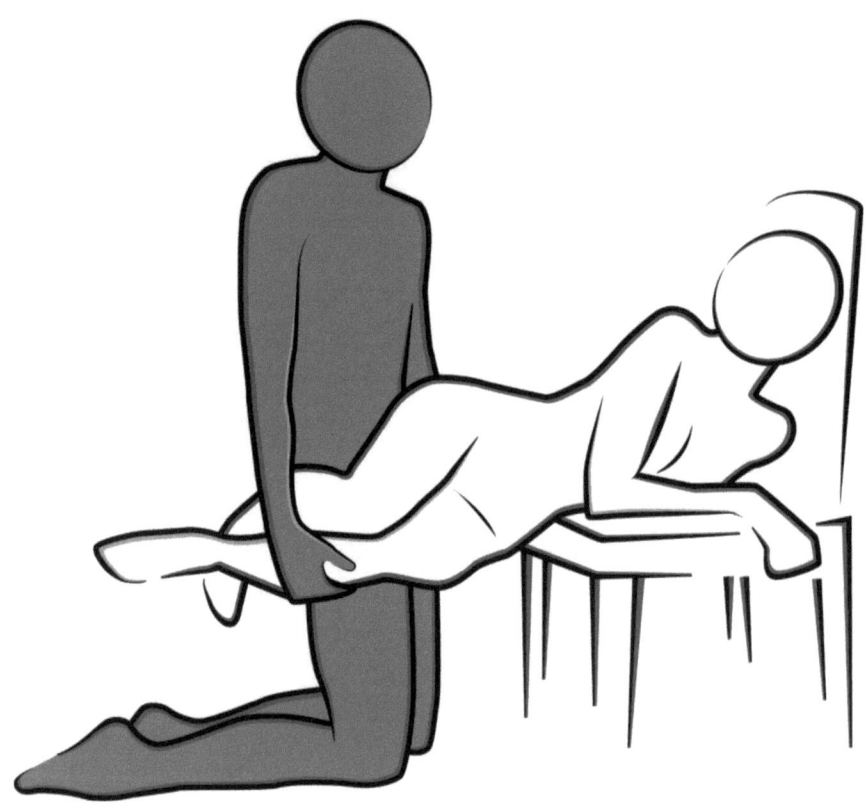

Stellung 6:
HONKY TONK MAN

Bei dieser Stellung legt sich die Frau mit ihrem Oberkörper auf einen stabilen Stuhl. Dabei dreht sie sich zur Seite, während ihr Partner hinter ihr auf die Knie geht, ihre Beine auf Wadenhöhe im Bereich seiner Hüfte hochhält und mit seinem Penis anal in sie eindringt. Da der Mann eine Hand frei hat, kann er diese zusätzlich dazu nutzen, zärtlich Rücken oder Po seiner Partnerin zu streicheln und das Sex-Spiel weiter anzuheizen. Die Frau stützt sich dabei mit ihren Unterarmen auf dem Stuhl ab.

Die Stellung „Honky Tonk Man" fordert vor allen Dingen von der Frau einiges an körperlicher Fitness, muss sie doch den ganzen Akt über, obwohl ihr Partner ihre Beine ergriffen hat, ihren Körper so halten, dass er nicht zwischen Stuhl und Partner durchsackt. Der Vorteil für den Mann besteht darin, dass er von hinten in die Frau eindringen kann und er damit die Zügel in der Hand hält, was die Eindringtiefe seines Penis und die Intensität des Sex-Spiels betrifft.

Dennoch wird auch er herausgefordert, denn die kniende Position erlaubt es ihm nur, seine Stoßbewegungen mit dem Becken auszuführen. Diese Stellung ist auch darum besonders für Kamasutra-Götter geeignet, weil es beim ungeübten Partner durchaus nach einer Weile zu einem Oberschenkelkrampf kommen kann.

Stellung 7:
DER BUNGY-AKT

Diese Stellung gehört vielleicht zu den anspruchsvollsten, die im Rahmen dieses Buches vorgestellt werden. Sie erfordert einen hohen Grad an körperlicher Fitness von beiden Sex-Partnern. Der Mann sollte über erhebliche Muskelkraft verfügen, denn seine Aufgabe bei der Stellung „Der Bungy-Akt" besteht darin, den Körper seiner Partnerin vor sich auf Brusthöhe zu halten. Dabei wendet sie ihren Körper dem Partner so zu, dass ihr Po freischwebend auf seinem Penis ruht, sodass er anal in sie eindringen kann. Sie streckt dabei ihren Rücken so gerade wie möglich nach vorne, während sie sich mit ihren Händen an den Oberarmen des Mannes festhält. Er hält sie ebenfalls an den Oberarmen fest.

Entweder wird dieses Sex-Spiel stehend freihändig durchgeführt oder aber der Mann lehnt sich mit dem Rücken an eine Wand. Wird der Akt vollzogen, wippen beide Partner abwechselnd hin und her. Wie schnell das geschieht, hängt ganz von der Fitness des Paares ab. Es wird aber geraten, sich erst nach und nach zu steigern.

Da beide Partner alle Hände voll zu tun haben, liegt der Fokus hierbei natürlich einzig auf dem Geschlechtsakt. Darum eignet sich die Stellung „Der Bungy-Akt" beispielsweise als abwechslungsreicher und leistungssteigernder Hauptakt nach einem gelungenen, lustvollen Vorspiel. Diese Stellung dürfte aber auch all jenen Paaren Spaß bereiten, für die der routinierte Sex im Bett eher langweilig geworden ist.

Stellung 8:
SEX IM SPIEGEL

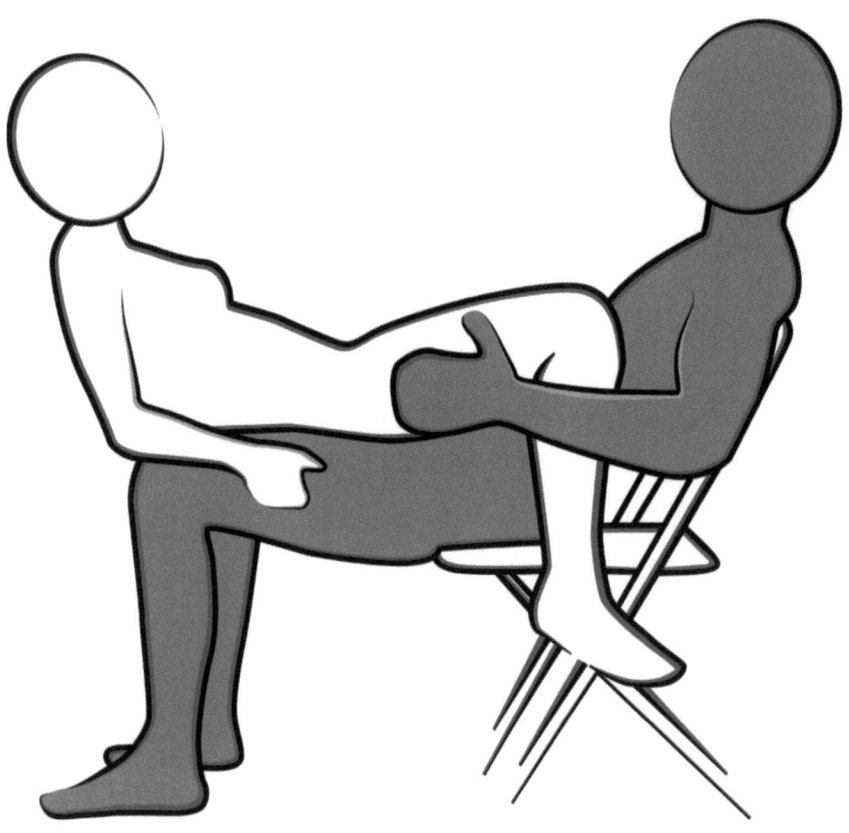

Bei dieser Stellung setzt sich der Mann auf einen bequemen Stuhl oder Hocker und lehnt sich weit zurück. Die Partnerin nimmt die Einladung zur Sitzgelegenheit auf seinem Schoss gerne an und setzt sich so auf seinen erigierten Penis, dass sie ihren Partner anschaut bzw. ihm gegenübersitzt. Das gibt beiden die Möglichkeit, sich lustvolle Worte zuzuflüstern. Während er mit beiden Händen ihre Unterschenkel ergreift, hält sie sich beidseitig an seinen Oberschenkeln fest.

Eine gewisse Herausforderung besteht bei der Stellung „Sex im Spiegel" darin, dass die Beckenbewegungen der Sex-Partner gut aufeinander abgestimmt sein sollten. Der Vorteil für die Frau ist, dass sie die Position ihres Pos auf dem Schoss des Partners immer wieder variieren kann, was besonders der Stimulation ihres G-Punktes zugutekommt. Für den Mann ist diese Stellung sehr bequem, insbesondere auch da er seine Gesäß-Muskulatur zur Unterstützung der Stoßbewegungen nach oben benutzen kann.

KOPFÜBER IN DIE LUST

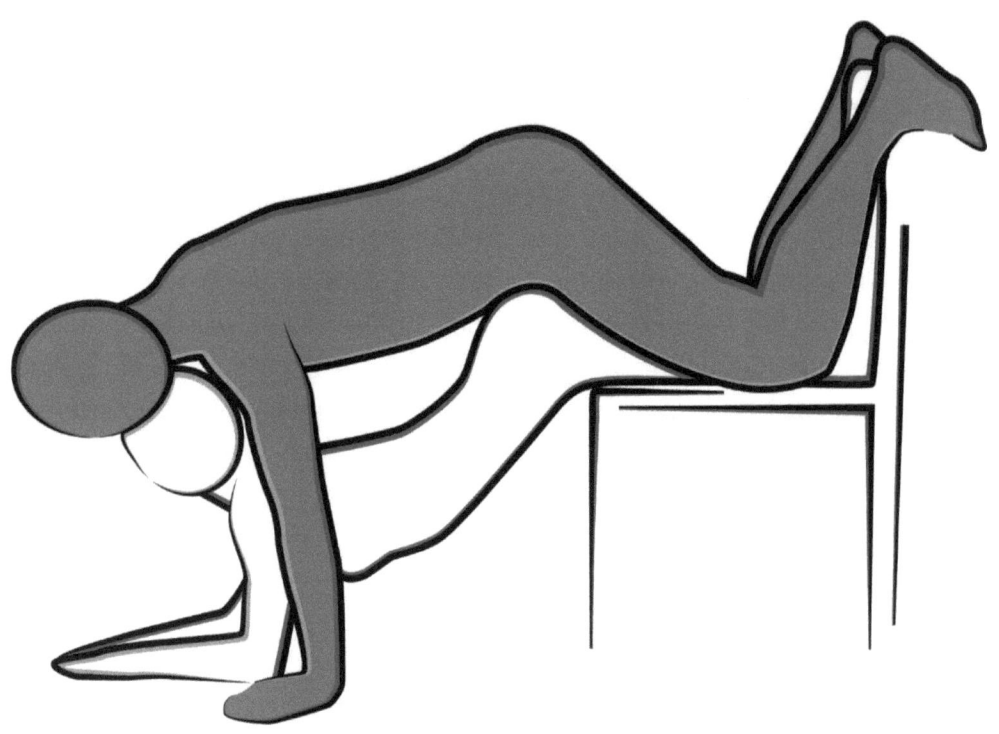

Hierbei liegen die Oberschenkel der Frau auf einem stabilen Stuhl, während sie sich mit ihren Unterarmen auf dem Boden abstützt. Der Mann legt sich nun mit einer ganz ähnlichen Körperhaltung auf sie und dring dann von hinten mit seinem Penis in ihre Vagina ein.

Da die Frau bei der Stellung „Kopfüber in die Lust" ganz klar den passiven Part übernimmt, liegt der Vorteil für den Mann darin, Stoßintensität und Eindringtiefe durch seine Beckenbewegungen bestimmen zu können. Nachdem die Frau ihr Becken nicht bewegen kann, ist der Ablauf dieses Sex-Spiels bis zum Orgasmus einzig vom Mann abhängig. Während der Mann in die Frau eindringt, kann er sie von hinten liebkosen und küssen.

Auch bei dieser Stellung ist eine gewisse Fitness für beide wichtig. Die Frau muss das Gewicht des Mannes aushalten und sich dabei auf Lust und Leidenschaft konzentrieren können, während der Mann darauf achten muss, dass seine Arme, auf denen sein ganzes – nach vorne verlagertes – Körpergewicht ruht, nicht zu schnell ermüden und es zu Krämpfen kommt. Der Stuhl sollte stabil sein, damit er während des Aktes durch die möglicherweise heftigen Beckenbewegungen des Mannes und dessen vorgelagertes Gewicht nicht einfach nach hinten wegrutscht.

Stellung 10:
DIE GEILE SANITÄTERIN

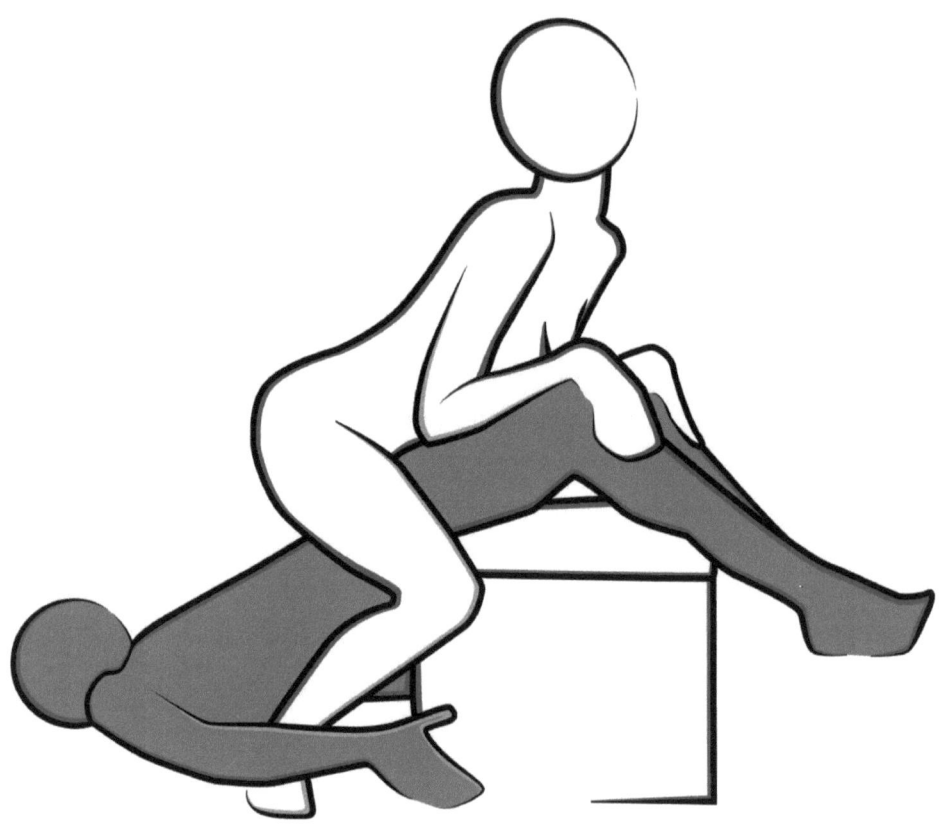

Bei dieser Stellung legt der Mann Becken, Po und Beine auf den Rand eines stabilen Hockers, ganz so, als wäre er gerade von diesem herunter und nach hinten auf den Boden gefallen. Sein Kopf und seine Schultern liegen auf dem Boden bzw. auf einer weichen Unterlage.

Dann springt die Frau auf seinen Schoss, sodass sein erigierter Penis in ihre Vagina eindringen kann. Dabei dreht sie ihrem Partner den Rücken zu, der die betörende Aussicht genießen kann. Da er beide Hände frei hat, kann der Partner zudem ihre Waden oder aber ihren Po streicheln.

Bei der Stellung „Die geile Sanitäterin" reitet die Partnerin gewissermaßen auf dem Schoss des Mannes, d. h., sie übernimmt den aktiven Part und bestimmt, wohin das Sex-Spiel geht. Während sie sich nach vorne beugt, stützt sie sich mit ihren Unterarmen auf den Beinen des Mannes ab. Durch Drehbewegungen des Beckens kann die Partnerin sehr gut die Eindringtiefe des Penis vorgeben und auch effektiv ihren G-Punkt stimulieren.

Ein gewisses Risiko besteht darin, dass der Penis des Mannes bei Paaren, die es zu wild treiben, aus der Vagina rutscht, vor allem dann, wenn die Frau ihren Po zu hoch hält. Einige Feinabstimmungen sind also notwendig, um die Stellung „Die geile Sanitäterin" für beide Partner zu einem echt göttlichen Sex-Erfolg bringen zu können.

ANALE GRANDE

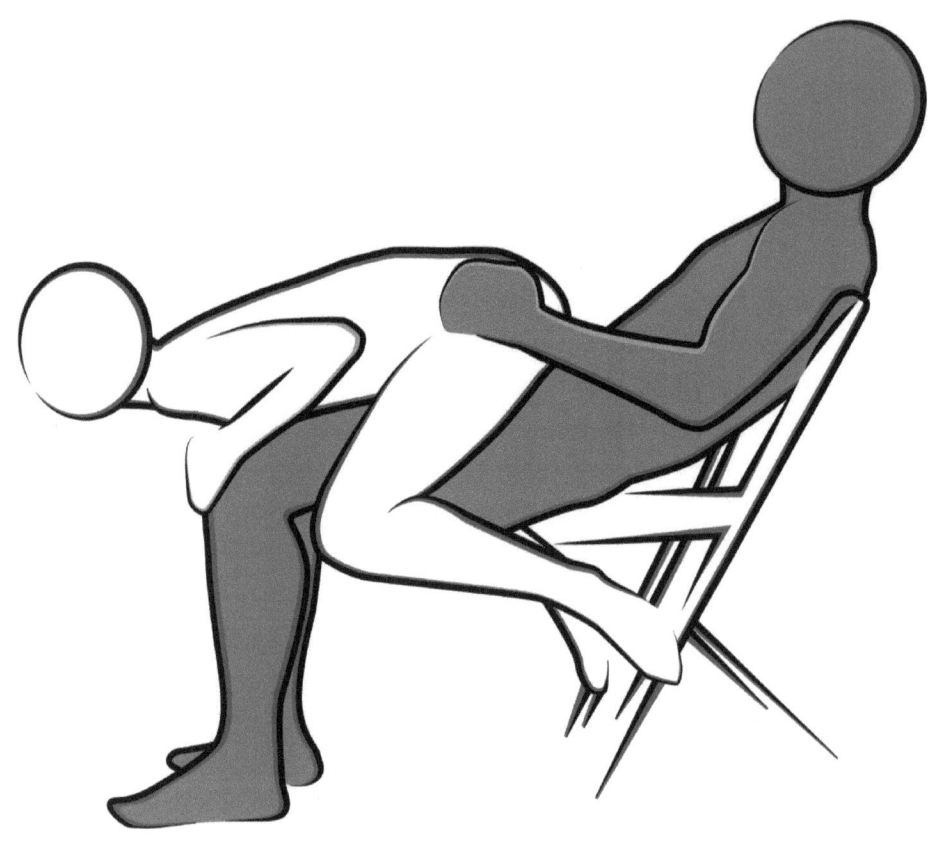

Diese Stellung kann als eine Abwandlung von „Sex im Spiegel" angesehen werden, bei der der Mann eigentlich dieselbe Grundposition einnimmt bzw. beibehält. Er sitzt zurückgelehnt auf einem bequemen Stuhl, während die Frau auf seinem Schoss und Penis sitzt, dem Partner jedoch den Rücken zudreht. Dabei beugt sie ihren Oberkörper so sehr nach vorne, dass ihre Brüste seine Knie berühren können, während sie ihre Beine nach hinten abwinkelt.

Der Vorteil für den Mann besteht bei „Anale Grande" darin, dass er freie Sicht auf den Po seiner Partnerin von hinten hat. Da er beide Hände frei hat, kann er diese dazu einsetzen, Po und Vagina von hinten zu streicheln. Diese Stellung bietet dem Mann aber auch die Möglichkeit für erotische Fingerspiele, mit denen er seine Partnerin noch schneller zum Höhepunkt bringen kann.

Aufgepasst werden sollte darauf, dass die Frau vor lauter sexueller Erregung nicht über die Beine des Mannes von seinem Schoss nach vorne rutscht. Doch das wird eigentlich dadurch verhindert, dass sie sich an seinen Knien beidseitig festhält.

FASTEN YOUR SEX BELT!

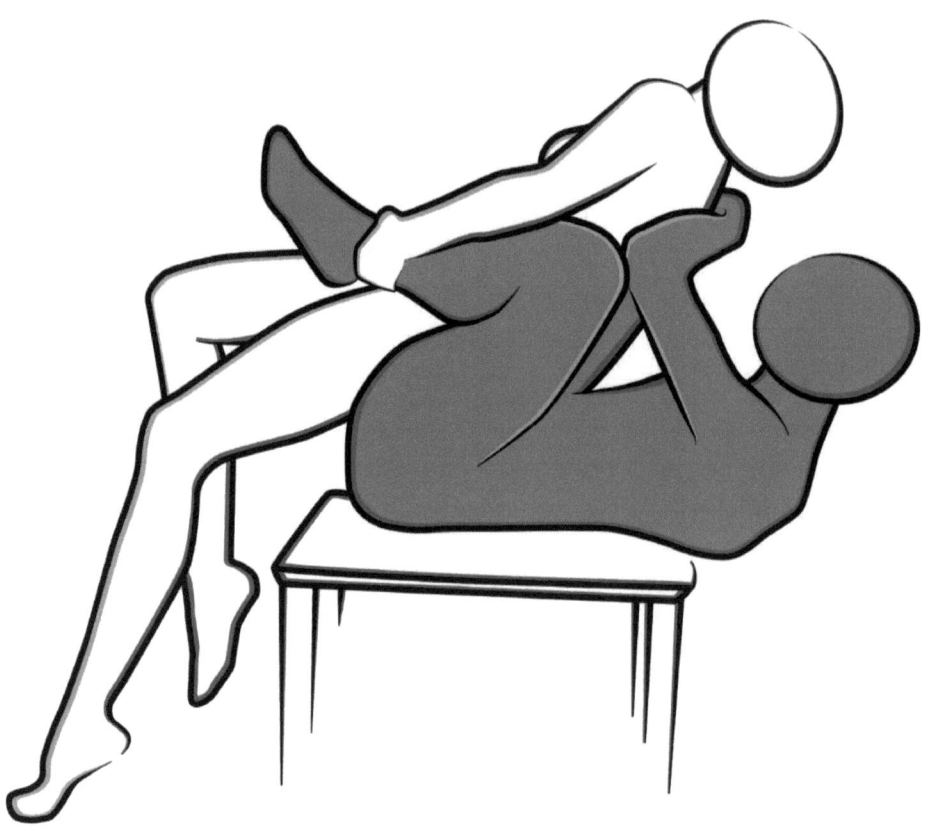

Bei dieser Stellung, die dem Paar einige Fitness abverlangt, legt sich der Mann mit dem Rücken auf einen Hocker oder einen kleinen, niedrigen Tisch. Die Frau setzt sich rücklings in seinen Schoss, während der Mann seine Beine nach hinten einzieht und anwinkelt. Dabei lässt sich die Partnerin ganz nach hinten fallen, während sie sich mit den Händen an den Füßen des Partners etwa auf Knöchelhöhe festhält. Ihre Füße heben dabei ganz natürlicherweise auch vom Boden ab. Ihr Partner hält seinen Arm hinter ihrem Rücken waagerecht als Stütze.

Der Mann kann von hinten in seine Partnerin eindringen, wobei Eindringtiefe und auch Eindring-Winkel variiert werden können. Er hält bei dieser Stellung den Steuerknüppel dieses Linienfluges in das Sex-Paradies fest in der Hand.

Das Risiko der Stellung „Fasten Your Sex Belt!" besteht darin, dass der Penis aus der Vagina rutschen kann, wenn die Partnerin ihren Po ungünstig bzw. zu weit nach vorne bewegt. Ein genaues Lust-Timing ist darum die Grundvoraussetzung, damit dieses Sex-Spiel ein Erfolg für das Paar werden kann.

Stellung 13:
DAS SEX-BALLETT

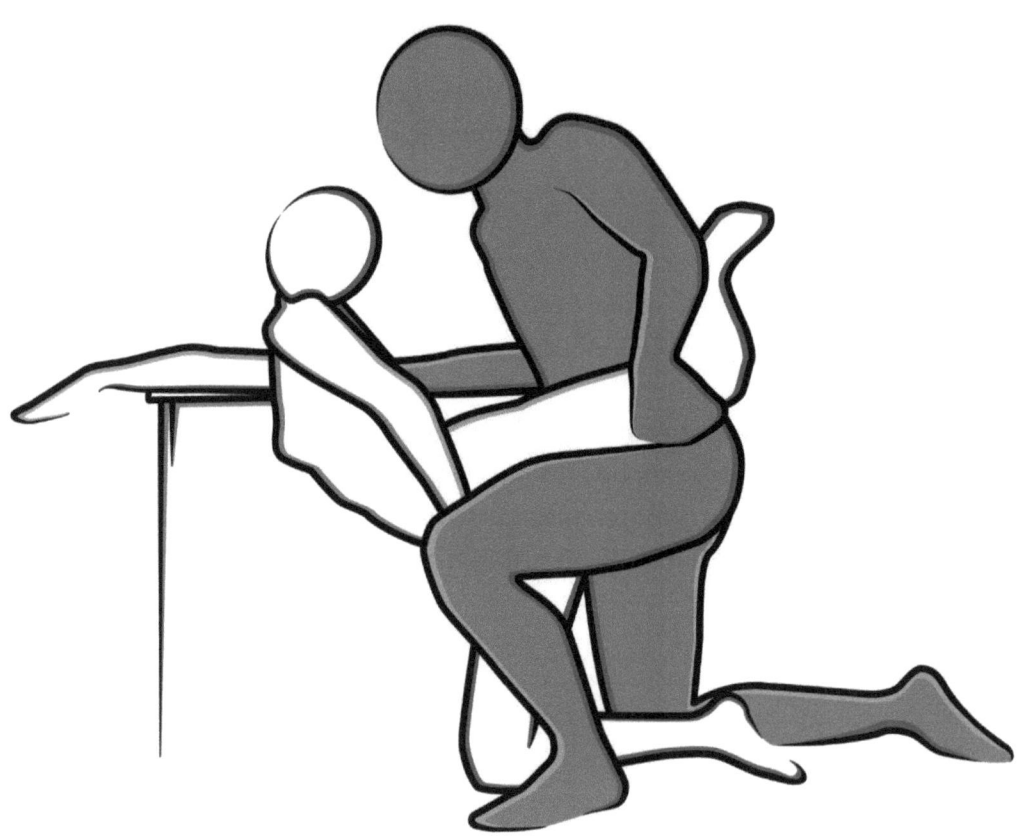

Bei dieser Stellung spielt ein mittelhoher Tisch eine wichtige Rolle. Die Frau geht neben dem Tisch in die Knie und stützt sich mit ihrem rechten Unterarm auf der Tischplatte ab, während der Mann von hinten auf einem Bein kniend ein Bein der Partnerin ergreift und es auf Höhe seines Schosses bringt. Sein rechter Arm ruht ebenfalls als Stütze auf der Tischplatte. Er zieht dann ihr Becken zu sich heran, um mit seinem Penis in ihre Vagina einzudringen. Dabei nimmt seine Partnerin die Körperhaltung einer tanzenden Ballerina ein.

Obwohl es der Mann ist, der bei der Stellung „Das Sex-Ballett" die Führung übernimmt, besteht der Vorteil für die Frau darin, dass sie mit ihrer linken Hand ihre Klitoris streicheln und stimulieren kann. Der Mann kann seine Stoß-bewegungen variieren und auch dem G-Punkt seiner Partnerin besondere Aufmerksamkeit schenken. Da er das eine Bein der Frau hochhält und somit Oberschenkel auf Oberschenkel liegen, kann der Penis tief in sie eindringen.

Stellung 14:

DER KLAMMERAFFE

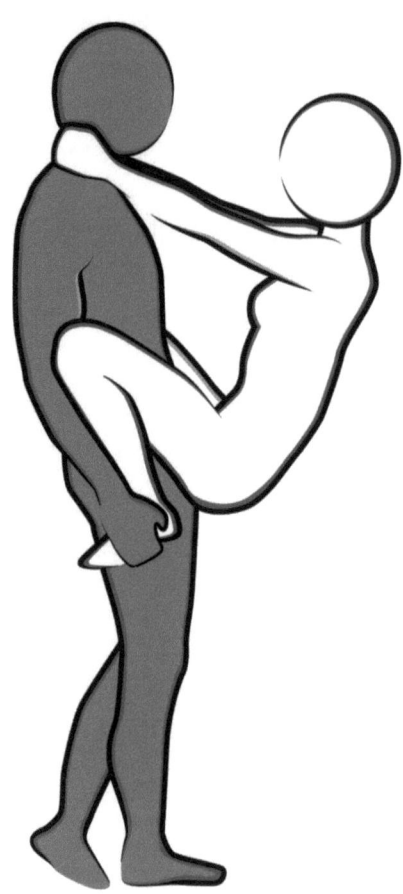

Um diese Stellung in die Praxis umzusetzen, benötigt der Mann einige Muskelkraft, denn es ist seine Aufgabe, seine Partnerin während des Sex-Spiels zu tragen. Er steht aufrecht, während sie von vorne auf ihn aufspringt und ihre Hände um seinen Hals legt, um sich festzuhalten. Dabei ergreift er sofort ihre Füße und hält diese etwa auf Oberschenkelhöhe fest. Beide Sex-Partner sind sich nun ganz nahe und schauen sich an, während der Mann mit seinem Penis in die Frau eindringen kann.

Optional ist es möglich, dass sich der Mann gegen eine Wand lehnt, wenn die Frau auf ihn aufspringt.

Die Schwierigkeit bei der Stellung „Der Klammeraffe" besteht darin, dass der Penis des Mannes vollständig erigiert sein sollte, damit er nicht aus der Vagina rutschen kann. Die Frau, die sich mit ihren Armen am Hals des Mannes festhält, fällt bei dieser Körperhaltung für eine zusätzliche Stimulation des Penis aus.

Während des Aktes kann die Frau mit ihrem Oberkörper abwechselnd nach vorne und nach hinten pendeln, um so die Stoßbewegungen des Partners zu komplementieren. Wenn es Kraft und Konzentration zulassen, ist es aber auch möglich, dass sich das Paar leidenschaftlich küsst oder sich zärtliche Dinge zuflüstert.

Stellung 15:
DER RITT DURCH DIE PAMPA

Dieses Sex-Spiel kann als eine Variante der oben vorgestellten Stellung „Anale Grande" angesehen werden. Auch hierbei hat der Mann auf einem Stuhl Platz genommen und lehnt sich vollständig nach hinten zurück. Dabei sollte er mit seinem Gesäß ein wenig vom Stuhl nach vorne rutschen, um den Schwerpunkt auf seinen Schoss zu verlagern. Die Frau setzt sich von vorne auf seinen Schoss, wobei sie ihm den Rücken zudreht. Sie zieht dabei ihre Beine seitlich an, sodass ihre Zehen auf dem Stuhl aufliegen. Dann beugt sie sich nach vorne, während ihr Partner zärtlich ihre Hände ergreift, die sie nach hinten hält.

Nun beginnt das gemeinsame Wippen auf dem Schoss des Partners. Der Mann hält dabei die Hände seiner Partnerin wie die Zügel eines Pferdes und kann damit vorgeben, wohin der Sex-Ritt gehen soll.

Die Frau sollte bei der Stellung „Der Ritt durch die Pampa" ihr Becken nur leicht und möglichst rhythmisch drehen. Der Mann dagegen dringt mit seinen nach vorne gerichteten Stoßbewegungen tief in die Frau ein und stimuliert so auch ihren G-Punkt.

Der Vorteil für den Mann besteht darin, dass er, wie auch bei der Stellung „Anale Grande", einen freien Blick auf ihren entzückenden Rücken werfen kann, während sie sich ganz ihren Sex-Fantasien hingeben kann.

Stellung 16:
GIB MIR DIE KANTE, LIEBLING!

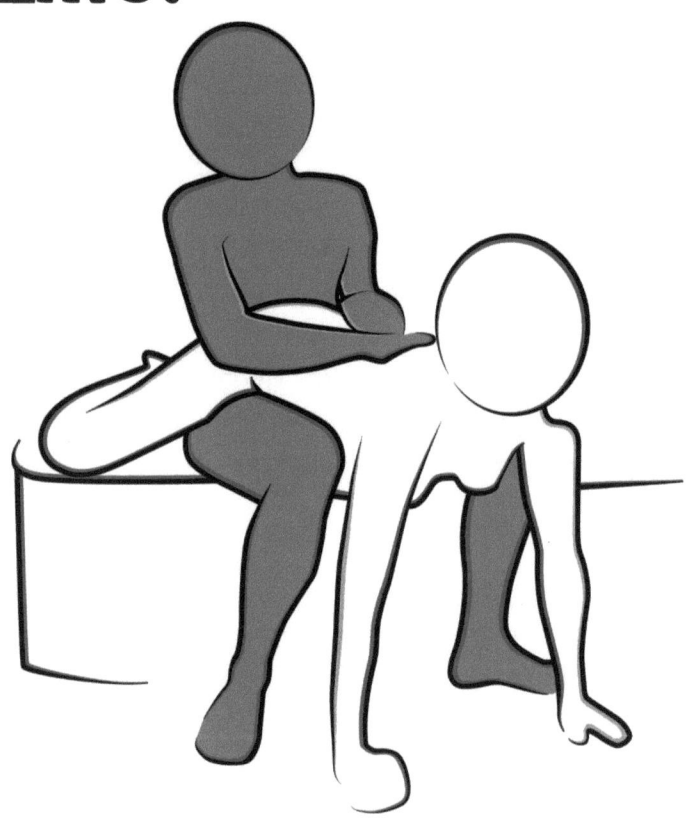

Hierbei setzt sich der Mann auf die Bettkante, während seine Partnerin vor ihm in den Vierfüßlerstand gegangen ist und sich mit beiden Händen auf dem Boden oder einer weichen Unterlage abstützt. Dabei schlingt sie ihre Beine um die Hüften des Partners, und er kann in sie eindringen.

Der Vorteil für den Mann besteht darin, dass er beide Hände frei hat und Po und Rücken der Partnerin wie ein traumhaft verheißenes Land vor ihm liegen. Er kann sich nun Zeit damit lassen, sie überall zärtlich zu streicheln und zu küssen.

Auch bei der Stellung „Gib mir die Kante, Liebling" sind luststeigernde Fingerspiele möglich, so kann der Mann beispielsweise die Klitoris seiner Partnerin auf diese Weise stimulieren.

Da sich die Frau mit ihren Händen auf dem Boden und ihren Beinen auf den Hüften des Partners abstützen kann, gehört diese Stellung zu den entspannenden und ist somit für geruhsamen Sex geeignet. Diese Stellung ist daher ideal für die Genießer unter den Kamasutra-Göttern, die sich mit dem Orgasmus eher Zeit lassen wollen und dabei auch nicht auf das Bett verzichten möchten.

Stellung 17:
PO AUF PO

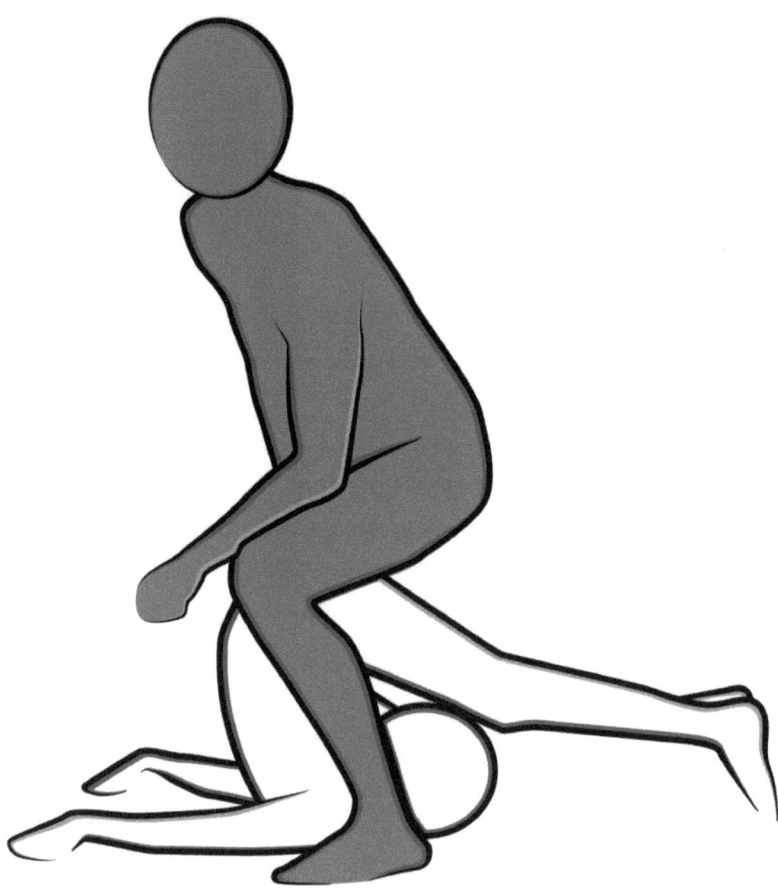

Für diese Stellung sollte besonders die Frau eine Neigung zur Akrobatik mitbringen. Ihre Aufgabe ist es, sich auf dem Boden zuerst flach auf den Rücken zu legen und dann ihre Beine über den Kopf zu heben, als würde sie eine Rolle rückwärts machen wollen. Beide Arme bleiben dabei zum Abstützen flach auf dem Boden. Der Mann setzt sich dann von oben auf den nach oben zeigenden Po der Frau und dring mit seinem erigierten Penis in ihre Vagina ein. Dabei geht er ein wenig in die Hocke.

Die Frau spielt hierbei selbstverständlich den passiven Part, während der Mann seine Stoßbewegungen variieren kann, indem er sein Becken hebt oder senkt.

TANDEM-SEX

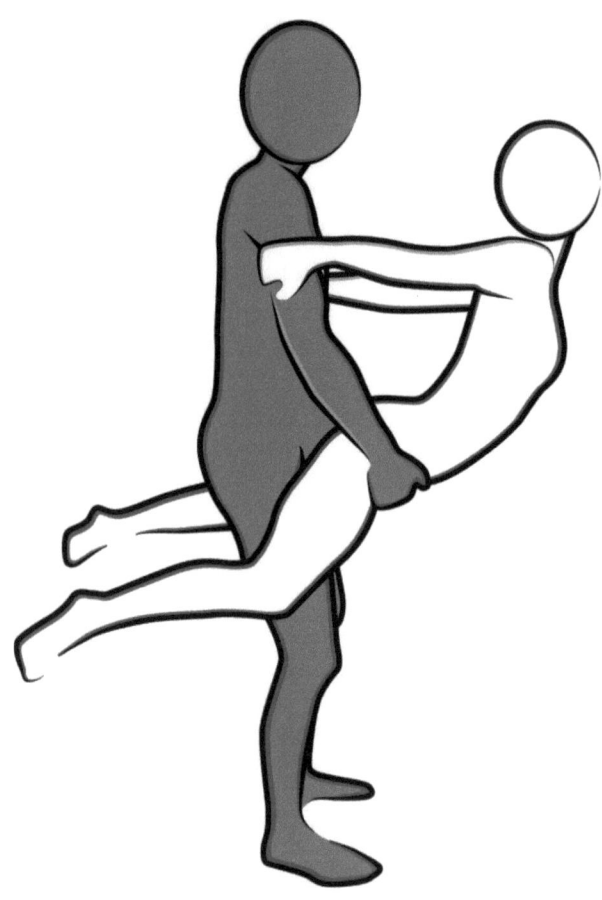

Auch bei dieser Stellung stellt sich der Mann aufrecht hin. Optional kann er sich gegen eine Wand lehnen. Die Frau positioniert sich vor den Partner, sodass dieser sie mit einem Griff von hinten um ihre Hüfte hochheben kann. Sie hält ihre Beine so nach hinten, als würde sie an einem Fallschirm aus dem Flugzeug springen. Ihren Oberkörper beugt sich dabei weit nach vorne, hält sich aber mit den Händen nach hinten greifend an den Oberarmen des Partners fest. Dann kann der Mann in seine Partnerin eindringen.

Das Schwierige bei der Stellung „Tandem-Sex" besteht für den Mann darin, während des Aktes das Gleichgewicht zu halten. Bei aller körperlicher Anstrengung, die er mit dem Halten seiner Partnerin hat, muss er dann auch noch zum Höhepunkt kommen. Definitiv ist diese Stellung nicht für Männer geeignet, die es mit dem Orgasmus eher gemächlich angehen. Aber sie ist ideal für all jene Kamasutra-Götter, die die irdischen Bett-Gefilde ihrer Sex-Spiele verlassen wollen. Die Frau ist bei der Stellung „Tandem-Sex" definitiv der passive Part. Wenn sie akrobatisch genug ist, kann sie das Sex-Spiel durch leichte Beckenbewegungen noch einmal mehr „würzen".

Stellung 19:
REITERSPIELE

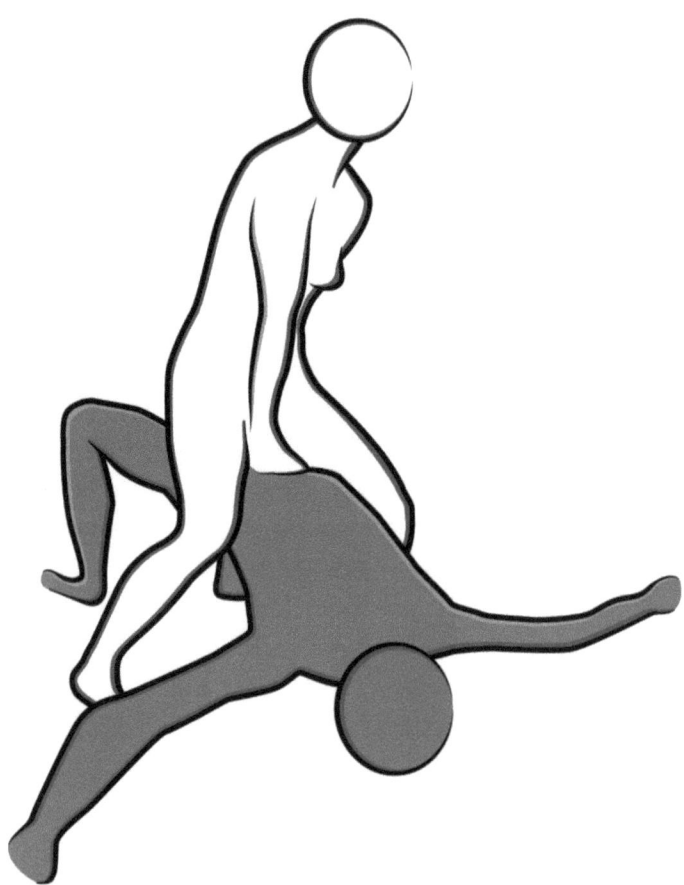

Bei dieser Stellung legt sich der Mann auf den Rücken und breitet seine Arme weit zur Seite aus. Dabei hebt er sein Becken an, während sich die Partnerin auf seinen Schoss setzt, als würde sie ein Pferd besteigen. Ihr Körpergewicht lagert dabei ganz auf ihren Füßen, die fest auf dem Boden stehen.

Der Mann hat nun den Vorteil, die Eindringtiefe seines Penis zu variieren, indem er sein Becken hebt und senkt. Welchem Rhythmus er dabei folgt, machen die Sex-Partner untereinander aus. Die Frau hat beide Hände frei, was ihr z. B. die Gelegenheit gibt, den Hodensack des Partners zu streicheln. Wenn die Frau, die das Tempo des Spiels vorgibt, in Absprache mit ihrem Partner die etwas härtere Gangart vorzieht, kann sie dem Pferd unter sich mit Po-Klatschen signalisieren, wo der Ausritt hingehen soll.

Beide Partner haben bei der Stellung „Reiterspiele" eigentlich gleichermaßen einen aktiven Part: Der Mann hebt und senkt immer wieder sein Becken, um seine Stoßbewegungen zu lenken, während die Frau auf seinem Schoss sitzt und seinen Intimbereich liebkost.

LEG MICH ÜBERS KNIE, SCHATZ!

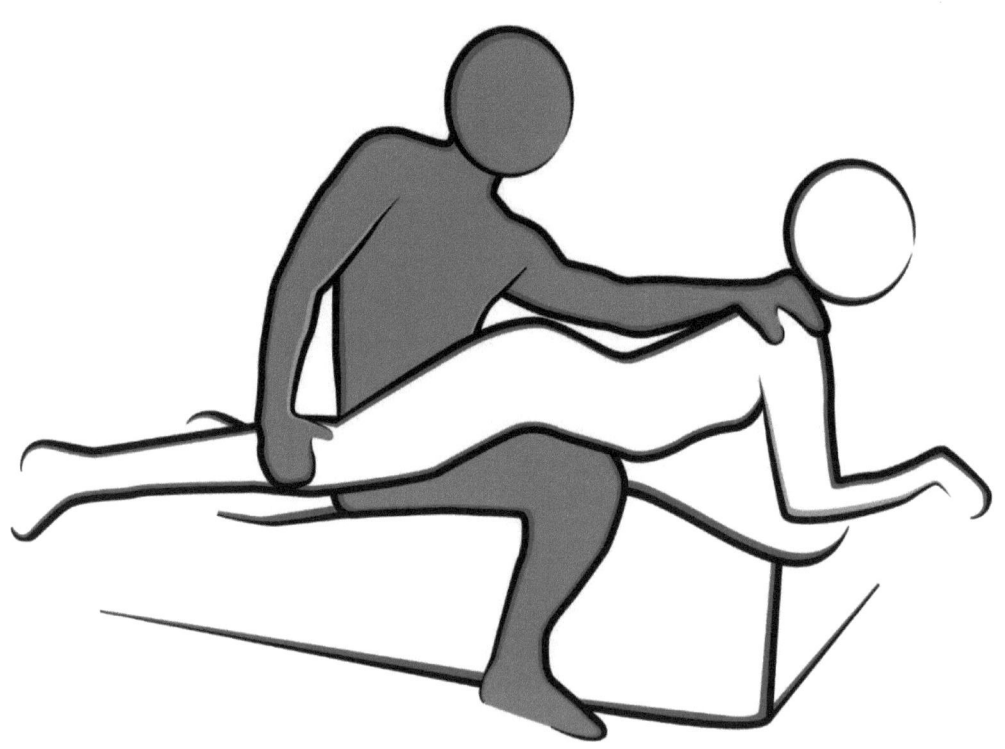

Bei dieser Stellung legt sich die Frau mit dem Bauch auf eine Matratze oder aufs Bett. Der Mann setzt sich dann von hinten unter sie, d. h., er schiebt sein Bein unter ihren Unterkörper, sodass ihr Schoss auf seinem Oberschenkel ruht. Dabei steht sein Bein fest auf dem Boden. Das andere Bein kann er entweder nach hinten abwinkeln oder aber, wenn es die Situation erlaubt, ebenfalls auf dem Boden abstellen. Mit der einen Hand umfasst er ihre Wade, die andere Hand legt er zum Streicheln auf die Schulter seiner Partnerin. Wie weit er sich dann vorbeugt, während er in sie eindringt, ist ihm bzw. dem Paar überlassen. Sie stützt sich während des Aktes mit den Ellenbogen oder den Unterarmen auf Matratze oder Bett ab, wobei sie ihren Oberkörper nach Belieben mehr oder weniger aufrichten kann.

Bei der Stellung „Leg mich übers Knie, Schatz!" ist der Mann der aktive Part. Er kann mit der einen Hand ihr Bein liebkosen und dabei auch den Bereich der Klitoris in seinem Schoss zärtlich bedienen. Mit der anderen Hand streichelt er z. B. ihre Schultern oder massiert sanft den oberen Bereich ihres Rückens. Er kann aber auch mit der Hand sinnlich durch ihre Haare fahren. Das bleibt ganz dem Paar überlassen. Die Frau bleibt dabei passiv, der Mann gibt mit seinen Stoßbewegungen das Tempo zum gemeinsamen Orgasmus vor.

AUF EINEN BLICK
DEINE KAMASUTRA-STELLUNGEN
DER STUFE 3

Zur Erinnerung: Um Zusatz- bzw. Extrapunkte zu verdienen, müssen die nachfolgenden Fragen beantwortet werden:

1. *Habt ihr diese Sex-Stellung außerhalb eurer eigenen Wohnung umgesetzt?*
   Wenn ja, dann könnt ihr euch 5 Extrapunkte geben.

2. *Wie viele Orgasmen hattet ihr zusammen?*
   Je Orgasmus könnt ihr euch 5 Extrapunkte geben.

3. *Habt ihr die Sex-Stellung länger als 5 Minuten am Stück umgesetzt?*
   Wenn ja, dann könnt ihr euch 5 Extrapunkte geben.

4. *Habt ihr es geschafft, gleichzeitig einen Orgasmus zu haben?*
   Wenn ja, dann könnt ihr euch 50 Extrapunkte geben.

5. **Habt ihr neben dieser Sex-Stellung (z. B. eine Stellung der Stufe 1)** noch zwei weitere Stellungen (der Stufen 2 und 3) in einer Session geschafft? Wenn ja, dann könnt ihr euch 50 Extrapunkte geben. Die Umsetzung von zwei weiteren Stellungen aus den anderen Stufen ist also Voraussetzung für die Extrapunkte. Allerdings müsst ihr dazu erst die Stufe „Kamasutra für Neulinge" absolviert haben.

1. DIE ZERREIßPROBE

Erreichte Punktzahl	Extrapunkte Frage 1	Extrapunkte Frage 2	Extrapunkte Frage 3	Extrapunkte Frage 4	Extrapunkte Frage 5	**Gesamt**

2. DIE EINARMIGE BANDITIN

Erreichte Punktzahl	Extrapunkte Frage 1	Extrapunkte Frage 2	Extrapunkte Frage 3	Extrapunkte Frage 4	Extrapunkte Frage 5	**Gesamt**

3. BEUGEHAFT MAL ANDERS

Erreichte Punktzahl	Extrapunkte Frage 1	Extrapunkte Frage 2	Extrapunkte Frage 3	Extrapunkte Frage 4	Extrapunkte Frage 5	Gesamt

4. IN DEN SEXTEN STOCK, BITTE!

Erreichte Punktzahl	Extrapunkte Frage 1	Extrapunkte Frage 2	Extrapunkte Frage 3	Extrapunkte Frage 4	Extrapunkte Frage 5	Gesamt

5. DIE UMGEDREHTE SCHUBKARRE

Erreichte Punktzahl	Extrapunkte Frage 1	Extrapunkte Frage 2	Extrapunkte Frage 3	Extrapunkte Frage 4	Extrapunkte Frage 5	Gesamt

6. HONKY TONK MAN

Erreichte Punktzahl	Extrapunkte Frage 1	Extrapunkte Frage 2	Extrapunkte Frage 3	Extrapunkte Frage 4	Extrapunkte Frage 5	**Gesamt**

7. DER BUNGY-AKT

Erreichte Punktzahl	Extrapunkte Frage 1	Extrapunkte Frage 2	Extrapunkte Frage 3	Extrapunkte Frage 4	Extrapunkte Frage 5	**Gesamt**

8. SEX IM SPIEGEL

Erreichte Punktzahl	Extrapunkte Frage 1	Extrapunkte Frage 2	Extrapunkte Frage 3	Extrapunkte Frage 4	Extrapunkte Frage 5	**Gesamt**

9. KOPFÜBER IN DIE LUST

Erreichte Punktzahl	Extrapunkte Frage 1	Extrapunkte Frage 2	Extrapunkte Frage 3	Extrapunkte Frage 4	Extrapunkte Frage 5	**Gesamt**

10. DIE GEILE SANITÄTERIN

Erreichte Punktzahl	Extrapunkte Frage 1	Extrapunkte Frage 2	Extrapunkte Frage 3	Extrapunkte Frage 4	Extrapunkte Frage 5	**Gesamt**

11. ANALE GRANDE

Erreichte Punktzahl	Extrapunkte Frage 1	Extrapunkte Frage 2	Extrapunkte Frage 3	Extrapunkte Frage 4	Extrapunkte Frage 5	**Gesamt**

12. FASTEN YOUR SEX BELT!

Erreichte Punktzahl	Extrapunkte Frage 1	Extrapunkte Frage 2	Extrapunkte Frage 3	Extrapunkte Frage 4	Extrapunkte Frage 5	**Gesamt**

13. DAS SEX-BALLETT

Erreichte Punktzahl	Extrapunkte Frage 1	Extrapunkte Frage 2	Extrapunkte Frage 3	Extrapunkte Frage 4	Extrapunkte Frage 5	**Gesamt**

14. DER KLAMMERAFFE

Erreichte Punktzahl	Extrapunkte Frage 1	Extrapunkte Frage 2	Extrapunkte Frage 3	Extrapunkte Frage 4	Extrapunkte Frage 5	**Gesamt**

15. DER RITT DURCH DIE PAMPA

Erreichte Punktzahl	Extrapunkte Frage 1	Extrapunkte Frage 2	Extrapunkte Frage 3	Extrapunkte Frage 4	Extrapunkte Frage 5	**Gesamt**

16. GIB MIR DIE KANTE, LIEBLING!

Erreichte Punktzahl	Extrapunkte Frage 1	Extrapunkte Frage 2	Extrapunkte Frage 3	Extrapunkte Frage 4	Extrapunkte Frage 5	**Gesamt**

17. PO AUF PO

Erreichte Punktzahl	Extrapunkte Frage 1	Extrapunkte Frage 2	Extrapunkte Frage 3	Extrapunkte Frage 4	Extrapunkte Frage 5	**Gesamt**

18. TANDEM-SEX

Erreichte Punktzahl	Extrapunkte Frage 1	Extrapunkte Frage 2	Extrapunkte Frage 3	Extrapunkte Frage 4	Extrapunkte Frage 5	**Gesamt**

19. REITERSPIELE

Erreichte Punktzahl	Extrapunkte Frage 1	Extrapunkte Frage 2	Extrapunkte Frage 3	Extrapunkte Frage 4	Extrapunkte Frage 5	**Gesamt**

20. LEG MICH ÜBERS KNIE, SCHATZ!

Erreichte Punktzahl	Extrapunkte Frage 1	Extrapunkte Frage 2	Extrapunkte Frage 3	Extrapunkte Frage 4	Extrapunkte Frage 5	**Gesamt**

KAPITEL 5

AUF IN DEN SEX-HIMMEL!

Hast du mit Partnerin oder Partner alle 60
Stellungen erfolgreich abschließen können?

Oder gab es vielleicht die eine oder andere Stellung, die euch Schwierigkeiten bereitete? Vielleicht habt ihr sogar eine oder zwei ausgelassen. Das alles ist nicht schlimm. Der erste Durchgang ist in der Regel noch etwas chaotisch. Danach wird es aber schnell besser werden.

Vielleicht gab es auch Stellungen, die euch zu Anfang alle Lust am Sex genommen haben. Wenn das so ist, lasst sie aus und geht zur nächsten Stellung über. Wie bereits an anderer Stelle betont: Kamasutra ist kein Dogma. Es schreibt nicht vor, welche Stellungen in welchem Zeitraum durchgeführt werden sollen. Ihr entscheidet. Das ist entscheidend.

Wenn ihr die Stellungen absolviert habt, werdet ihr euch die entsprechenden Punkte für eure Leistungen gegeben haben. Das ist zum einen die Standardpunktzahl, das sind aber auch die Extrapunkte für Extraleistungen. Zählt ihr alle Punkte am Ende eines jeden Durchgangs zusammen, erhaltet ihr für jede Kamasutra-Stufe eine bestimmte Punktzahl. Addiert dann die Punkte aus allen drei Stufen, sodass ihr die Gesamtpunktzahl einer der zehn Kategorien der Lust-Skala zuordnen könnt. Wie bereits oben angegeben, könnt ihr neben der Lust-Skala bzw. der Auswertungsgrafik die Gesamtpunktzahl eintragen und diese mit dem entsprechenden Datum versehen. Das verschafft euch einen guten Überblick über eure Sexaktivitäten, aber auch, und das ist dabei wichtig, über eure Fortschritte auf dem Weg zu Kamasutra-Göttern, die den Sex-Himmel genießen dürfen.

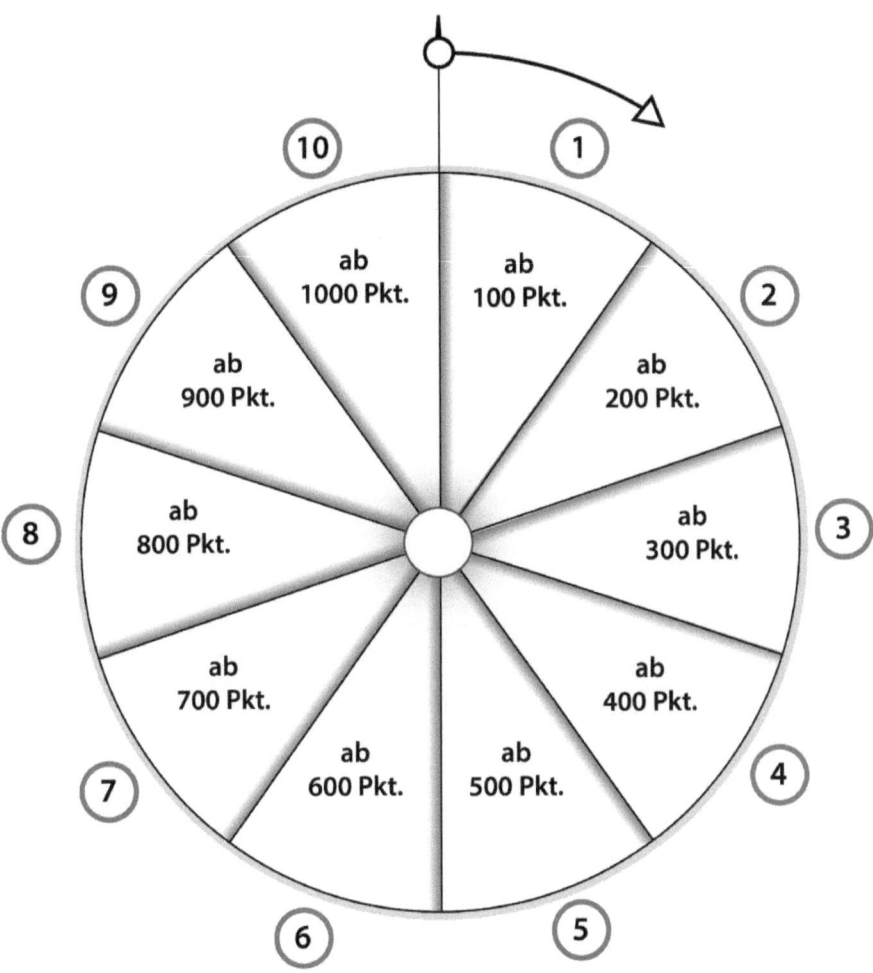

Datum	Erreichte Gesamtpunktzahl

DIE ZEHN KATEGORIEN DER LUST

1. Ab 100 Punkte:
„Nicht hängen lassen!"

Hier fängt euer Weg in den Sex-Himmel an. „Jeder kommt, wer will", ist hier nicht mehr, denn für Kamasutra-Neulinge ist es wichtig, sich miteinander abzusprechen und auf den anderen einzugehen. Dann sind Stöhnen, Ächzen, Lecken, Schlucken und Kommen ein gemeinsamer Spaß. Das ist die erste Lektion. Die zweite Lektion lautet: „Geht von Beginn an so richtig ab!" Kamasutra ist was für Fleischliebhaber, denn Blümchensex ist „out". Aber jeder Neuling, der Kamasutra-Gott werden will, kennt bereits die Weisheit, die besagt: „Liebling, denke ja nicht, dass ich mit dir ins Bett will. Nein, der Küchentisch tut's auch." Die erste Kategorie bedeutet von Anfang an, dass ihr so manche Sex-Gewohnheit ablegen müsst. Sonst endet wieder alles nur im Bett.

2. Ab 200 Punkte:
„Spermanente Lust"

Jeder lernt ungeahnte Seiten von sich und seiner Partnerin oder seinem Partner kennen. Das kann auch seltsam sein. Sprecht nach einer Kamasutra-Session über alles ganz offen. Über alles: Auch darüber, dass sich der Förster vielleicht nicht tief genug in den tiefen dunklen Wald traute. Oder aber, dass das Zuckerbäckerhäuschen verriegelt und verrammelt und niemand zu Hause war. Kein Weg darf beim Kamasutra umsonst sein, Treibstoff dafür habt ihr beide selbst genug.

3. Ab 300 Punkte:
„Mehr als tausend Schuss ..."

Neulinge merken sehr schnell, dass Kamasutra auch eine echte Entdeckungs-tour ist. Christoph Columbus hat zwar Amerika entdeckt, doch der G-Punkt deines Sex-Partners ist eine Entdeckung, die allein du machen musst. Wider-stand zwecklos! Was muss, das muss. Manchmal mag diese Entdeckungstour vielleicht noch einem Sex-Trekking mit unvorhergesehenen Hindernissen ähneln, über die man immer wieder stolpert. Doch schafft ihr das zu zweit, stärkt das nur eure lustvolle Seilschaft. Und der Gipfel eurer gemeinsamen Lust winkt bereits.

4. Ab 400 Punkte:
„Profileben ist ein hartes Los"

„Frau mit großem Vorgarten sucht Gärtner mit großer Gießkanne und Gartenkennt-nissen." Wenn die Partnerin diese Anzeige aufgibt, hast du definitiv etwas falsch gemacht. Lass es nicht so weit kommen. Der Übergang vom Kamasutra-Neuling zum Kamasutra-Profi ist nicht immer leicht, weil manchmal einer der Partner die Lust verliert oder einfach denkt, genug zu haben. Aber auch die Frau sollte Verständnis für den Mann haben, der immer öfter bei so mancher Stellung einiges zu stemmen hat, auch wenn ihn seine Geilheit schließlich hoffentlich immer zum Ziel führt.

5. Ab 500 Punkte:
„Hört ihr's klatschen, ist's kein Beifall"

Kuscheln, küssen, schmusen gehört dazu, aber wie ihr als Profis jetzt gelernt habt, kann euch Kamasutra auch ganz schön in Schwitzen bringen. Auch die härtere Gangart habt ihr vielleicht dann und wann einmal ausprobiert, ohne dem Leder verfallen zu sein. Neue Orte durch die geile pinke Brille kennen-zulernen, steht für Kamasutra-Profis ebenfalls auf der To-do-Liste ganz oben. Aber auch die Outdoor-Nummer kann den Lustfaktor noch mal erheblich steigern. Neue Umgebung, neue Reize, neue Lust aufeinander. Aber bitte das Handy ausschalten! SMS heißt jetzt für euch nur noch: „Sex macht süchtig."

6. Ab 600 Punkte:
„Schatz, du machst mich verrückt nach mir"

Kamasutra-Profis, ihres Zeichens bereits „Halbgötter", lernen sich durch die Praxis der Stellungen auch selbst besser kennen. Dabei geht es natürlich besonders um die schwierigen Körperhaltungen. Ihr lotet eure Tiefen, Untiefen, Vorlieben, aber auch Abneigungen aus und wachst mit jeder Stellung, die ihr erfolgreich durchführen könnt: aneinander, miteinander und ineinander. Das macht euch fit in jeder Hinsicht. Nur ein einziges Gesundheitsproblem könnt ihr haben: unterfordert zu sein. Um immer das Beste frei Haus zu liefern, seid ihr vielleicht auch dazu übergegangen, euch außerhalb der Kamasutra-Sessions sportlich zu betätigen. So mag es sich zur Angewohnheit gemacht haben, fit-machende Protein-Drinks zu sich zu nehmen, damit sein Sperma nicht flockig wird. Denn auch so ein echter muskelbepackter Hulk kann schnell zu einem flinken, gelenkigen Honky Tonk Man werden.

7. Ab 700 Punkte:
„Dressurpunkte gibt's extra"

Das Profileben bringt es knüppeldick: Ob akrobatisch auf dem Hochseil oder auf dem Fußboden – „Auf die Plätze – fertig – Sex" heißt es jetzt eigentlich immer bei euch. Und wenn ihr an eure Zeit als Neulinge zurückdenkt, verkrampft, unsicher und peinlich berührt, dann könnt ihr euch glücklich schätzen, euch jetzt wie neu geboren zu fühlen: Locker, lässig und zielbewusst in die Feuchtbiotope. Er schießt nicht mehr übers Ziel hinaus und versaut das Laken, und sie weiß, wie sie ihre und seine Geilheit steuern kann. Kurzum: Jeder Extrapunkt ist verdient.

8. Ab 800 Punkte:
„Nimm mich und gibt's mir"

Auch Kamasutra-Götter haben Devisen, die ihr eine nach der anderen kennenlernt. Höflichkeit wird großgeschrieben, denn sie ist eine Eigenschaft der Götter: Sein Penis macht ihr die Aufwartung und steht auf, sodass sich die Frau daraufsetzen kann. Und das in den schwindelerregendsten Positionen, von vorne, von hinten, von der Seite und auch Po auf Po. Auch wenn es noch nicht die letzte Sex-Erleuchtung ist, aber es fühlt sich schon ein wenig so an.

9. Ab 900 Punkte:
„Gelobt sei, was geil macht"

Wie alle Götter haben auch Kamasutra-Götter ihre eigenen Tempel. Das ist zum einen ihr eigener Körper, den sie durch den Sex immer besser kennengelernt haben. Zum anderen aber ist es auch der Ort, an dem sie auf dem Boden liegend, kniend, hockend oder auf Bettkanten, Stühlen oder Hockern sitzend, lehnend und bei allem schwitzend den Partner immer weiter zum ultimativen Orgasmus antreiben. Aus diesem Grunde weihen sie den Raum auch mit zauberhaften, verführerischen Düften und ätherischen Ölen und erleuchten ihn mit Kerzen oder Lampen, die erotisches Licht spenden. Damit der Orgasmus ein wohliges Erlebnis wird, kann der Raum in eine Kissenlandschaft verwandelt werden. Was die Profis vielleicht noch lernen mussten, gehört bei den Kamasutra-Göttern natürlich bereits zum Akt dazu: eine ausgiebige Ganzkörper-Massage, um die Lust aufeinander zu steigern. Beide lassen los, indem sie sich auf die Zärtlichkeiten des Partners einstellen, auch um sich auf den Hauptakt und den letzten Gipfel konzentrieren zu können.

10. Ab 1.000 Punkte:
„Fragt nicht, erlebt es selbst"

Kamasutra-Sex erleuchtet! Dabei ist der eine Partner dem anderen Partner ein Licht. Die Devise lautet: „Was ich fühle, kannst auch du fühlen. Lass uns darum Kamasutra machen." Wer auf dem Gipfel steht, kann ins Tal hinunterblicken. Wenn für Neulinge das Anfassen des Intimbereichs von Partnerin oder Partner noch eine einfache Handlung war, ist für Kamasutra-Götter jede Berührung ein wahres Kunstwerk aus Leidenschaft und Lust. Genauso wie jede Stellung, die ihr jetzt perfekt beherrscht. Und wie jeder Orgasmus, der für euch eine

Erleuchtung ist, die euch Kraft für das Leben schenkt. Habt ihr den siebten Himmel der Sex-Götter erreicht, teilt eure Erleuchtung mit anderen. Macht Kamasutra zu eurer Shareware. Zeigt anderen Menschen, die interessiert und von ihrem Sexleben alles andere als begeistert sind, wie man von einem Kamasutra-Neuling zu einem Kamasutra-Gott werden kann. Und, wie ihr selbst gemerkt habt, es dauert auch gar nicht so lange.

KAPITEL 6
SCHLUSSWORT

Kann es ein Schlusswort zum
Thema Sex überhaupt geben?

Eigentlich nicht, denn ist nicht nach dem Orgasmus auch vor dem Orgasmus? Tatsächlich ist die gesamte Schöpfung in der Vorstellung des Hinduismus, der ja dem Kamasutra zugrunde liegt, eine Art ständiger Orgasmus, besteht der Schöpfungswille für die Hindus selbst in einer sexuellen Begierde, die nur durch universellen Sex, d. h. die Erschaffung der Welt, gestillt werden kann. Und am Ende steht der Höhepunkt, aber auch die Erschlaffung, die Erschöpfung, die Ruhe, die Stille, der Frieden, in dem die Erleuchtung genossen werden kann.

So wird dieser schöpferische Wille im Hinduismus von einer Dimension in die nächste weitergegeben. Ist der Geist auch als solcher vielleicht unfassbar, wenn er die Materie erreicht und durchdrungen hat, kommt der körperliche Sex unweigerlich ins Spiel. Was im Hinduismus die Gottheiten Shiva und Shakti in den spirituellen Dimensionen sind, sind Kamasutra-Gott und Kamasutra-Göttin in ihrem eigenen Tempel in der materiellen Welt. So wird materiell nur fortgesetzt, was spirituell begonnen wurde. Aus diesem Grunde ist die Lust-Skala bzw. die Auswertungsgrafik auch wie ein Rad angelegt, steht es symbolisch für das Rad des Lebens, das im Hinduismus eine überaus wichtige Rolle spielt. Darum ist die höchste Stufe der Kamasutra-Götter auch symbolisch zu verstehen.

Ist die Sprache des Sex-Spiels auch lustig, zweideutig, anstößig oder „versaut", für dich als Kamasutra-Praktiker haben sexuelle Lust und Leidenschaft immer auch eine ernste Komponente. Kamasutra-Sex ist kein Sex seiner selbst willen. Es ist nicht der schnelle, blinde, impulsive Sex, der zwar befriedigt, aber auch verletzen kann und weder mit wirklicher Leidenschaft noch mit Liebe etwas zu tun hat. Wer das bei allen unmöglich anmutenden Sex-Stellungen im Blick behält, kann nicht den falschen Weg einschlagen.

Kapitel 7

QUELLENNACHWEISE

1. Doninger, Wendy, Kakat, Sudhir, „Kamasutra", Oxford University Press, Oxford, 2022.

2. Dto. 1

3. Mylius, Klaus (Hrsg.), „Mallanaga Vatsyayana: Das Kamasutra, Leitfaden der Liebeskunst", RUB Stuttgart, 1999.

4. Dto. 2

5. Mulchandani, Sandhya, „Kamasutra. Die indische Liebenslehre", Heyne, München, 2008.

6. Doninger, Wendy, „On the Kamasutra", in: Daedalus, 2002.

7. Gunturu, Vanamali, „Der Kamasutra Ratgeber", Atmosphären Verlag, München, 2004.

8. Oberbeil, Klaus, „Das Geheimnis der erotischen Intelligenz", Herbig, 2007.

9. Schmidt, Richard, „Das Kamasutram. Orientalische Liebeslehre", Mosaik, München, 2002.

10. Cackett, Robin (Übers.), „Kamasutra", Wagenbach, Berlin 2004.

11. Dto. 7

12. Dto. 9

13. Kalashatra, Govinda, „Kamasutra: Liebe – Achtsamkeit – Erfüllung", Irisiana, 2015.

14. Kalashatra, Govinda, „Tantra-Yoga: Der achtsame Weg zu spiritueller Sinnlichkeit", Irisiana, 2020.

15. Zotz, Volker, „Kamasutra im Management. Inspiration und Weisheiten aus Indien", Campus, Frankfurt am Main, 2008.

WEITERE BÜCHER DER AUTORIN

Pure Ekstase

Mit Tantra Massage zum intensivsten
Orgasmus, den du je hattest
(ISBN 978-3-7568-1516-6)

Kamasutra Buch für Paare

100 aufregende Sexstellungen & erotische
Spiele für Zwei (ISBN 978-3-7526-8480-3)